Germanische Göttersagen

Germanische Göttersagen

Nach den Quellen neu erzählt von
Reiner Tetzner

Philipp Reclam jun. Stuttgart

Meiner Tochter Ria

Universal-Bibliothek Nr. 8750

Umschlaggestaltung: Stefan Schmid, Stuttgart
Gesamtherstellung: Reclam, Ditzingen. Printed in Germany 1992
RECLAM und UNIVERSAL-BIBLIOTHEK sind eingetragene
Warenzeichen der Philipp Reclam jun. GmbH & Co., Stuttgart
ISBN 3-15-008750-3

Inhalt

Anhang

1

Die Asen-Götter werden geboren und bauen die Welten

Am Anfang waren Kälte und Dunkel im Norden, Hitze und Helle im Süden und dazwischen Ginnungagap, die gähnende Schlucht. In dieser Urzeit gab es weder Himmel noch Erde, weder Götter noch ein Büschel Gras.

Die Eisgegend des Nordens heißt Niflheim und war grimmig und voll Nebel. In ihrer Mitte sprudelte die Quelle Hvergelmir; diesem brausenden Kessel entsprangen elf Flüsse, die führten auch Salze und Giftiges mit und ergossen sich in den gähnenden Abgrund. Weit genug von der Urquelle entfernt stockten die Fluten und erstarrten zu Eis, und das wurde hart wie Stein. Gischt sprühte darüber und gefror mit dem Giftig-Fließenden. So schoben sich Eis und Reif in die Urschlucht und füllten sie im Norden auch mit Sturm und Schnee.

Aber im Süden, Muspellsheim genannt, loderte Feuer – das würde einst niemand aufhalten können –, und von dort stoben Funken in die Urschlucht und brachten Milde. Heiße Winde schmolzen das Eis und den Reif, es zischte und tropfte und sprühte. Und die fallenden Tropfen wurden lebendig durch die Kraft, die das Feuer sandte. So entstand ein Urwesen, das wurde Ymir genannt und war Mann und Frau zugleich.

Als das menschengestaltige Riesenwesen schlief, begann es zu schwitzen; da wuchsen unter seinem linken Arm ein Mann und eine Frau, und ein Fuß bekam mit dem anderen einen Sohn. Von diesen Nachkommen stammen alle Riesen, auch die Frostriesen und die gewalttätigen Bergriesen.

In der Hitze von Muspellsheim taute das Eis weiter; da entstand aus dem tropfenden Reif eine Kuh, die hieß Audumla. Diese hornlose Kuh war sehr milchreich. Vier fette Ströme flossen aus ihrem Euter, davon nährte sich Ymir und wuchs zu gewaltiger Größe.

Und die Urkuh Audumla nährte sich, da doch kein Gras wuchs, von den salzigen Eisblöcken. Als sie am ersten Tag das steinerne Eis beleckte, kam abends das Haar eines Mannes hervor, am zweiten Tag der Kopf, am dritten Tag der ganze Stammvater der Götter. Er war schön von Ansehen, groß und stark und zeugte einen Sohn. Der nahm Bestla, die Tochter eines Riesen, zur Frau.

Die Riesin Bestla gebar die ersten Götter, den ältesten Sohn Odin und seine Brüder Vili und Vé.

Die jungen Götter waren stark und klug und wollten etwas erbauen, die kahlen Orte der Riesen genügten ihnen nicht. Aber die Frostriesen ließen Flüsse aus der Urquelle frieren und schoben die Eisblöcke knirschend gegen Stätten, wo sich die drei Brüder zu behaupten versuchten. Auch Ymir lärmte und toste, und sein massiger Leib wuchs und wuchs und belegte immer mehr Plätze – da töteten die Götter Ymir. Aus seinen Wunden strömte so viel Blut, daß es eine Flut ergab, darin ertränkten die jungen Götter das ganze Geschlecht der Riesen. Nur der schlaue Riese Bergelmir bestieg mit seiner Frau und seinen Hausleuten einen starken ausgehöhlten Baumstamm und entkam. Von Bergelmir stammen alle neuen Geschlechter der Riesen und ihr späterer Haß gegen die Götter. Über die Taten und Untaten der

Götter und die Kämpfe mit ihren Feinden soll hier erzählt werden.

Odin und seine Brüder schleppten den riesigen Leib Ymirs mitten in die Urschlucht und bauten aus ihm die Welten. Aus seinem Fleisch machten sie die Erde, aus seinem Blut das Wasser und die Meere. Die Götter hoben Ymirs Schädel über die Erde und machten daraus den Himmel. Unter jede der vier Enden des Schädeldaches setzten sie dann einen Zwerg. Die heißen Vestri, Sudri, Austri und Nordri und tragen wie Säulen den Himmel. Die Götter hoben die Erde weiter aus dem Meer und festigten sie. Da sproß das erste grüne Kraut. Das Meer liegt wie ein Ring um die Erde.

Aus Ymirs Gebeinen schufen die Götter die Berge, aus seinen Kinnbacken, Zähnen und zersplitterten Knochen die Steine. Die Bäume wirkten sie aus Ymirs Haaren und die Wolken aus seinem Hirn. Und dann schufen die Götter Midgard, die mächtige mittlere Welt, und machten ihre Bewohner, die Menschen – davon wird noch zu erzählen sein. Aus Ymirs Wimpern bauten die Götter einen Wall um Midgard zum Schutz gegen die Welt außerhalb, die heißt Utgard und ist für Götter und Menschen unbewohnbar. In Utgard sind die Gebirge baumlos und eisig, der Urwald aus Bäumen wie Eisenstangen ist undurchdringlich, und die Moore sind gierig. Dort wiesen die Götter den Riesengeschlechtern, die von Bergelmir abstammen, Plätze zu. Auch Trolle und andere Unholde hausen an öden Stränden und in kahlen Gebirgen.

Erst als sie den Wall um die Menschenwelt genug aufgeschüttet hatten, errichteten die Götter in deren Mitte ihre eigene Welt, bauten auf einem Berg eine befestigte Stätte, die in den Himmel ragt. Das von Odin abstammende Göttergeschlecht sind die Asen, deshalb heißt ihr Wohnort Asgard. Zu den Asen gehören Thor, der älteste Sohn Odins – er zeugte ihn mit Jörd, der Erde –, und andere Nachkommen.

Die jungen Götter gruben Erz, schmolzen das Metall aus dem tauben Gestein. Sie bauten Öfen mit Essen und starken Blasebälgen, machten sich Ambosse, Hämmer, Zangen und andere Werkzeuge. Sie schmiedeten neben Hausgerät Äxte, Schwerter und Speerspitzen; diese Waffen genügten in der Frühzeit. Und die Götter förderten goldreiches Gestein, verarbeiteten es, hämmerten kunstvolle Schüsseln, Becher und Geschmeide aus reinem Gold und verzierten Schilde und Schwerter. Nicht nur deshalb sprach man damals vom goldenen Zeitalter.

Die Götter bauten auch mit Holz und brachen Steine. Thor schleppte die schwersten Felsbrocken auf Asgard. Zuerst wurde die Halle für die Versammlung der Asen fertig. Halten die Götter Rat, sitzen sie dort auf ihren Hochsitzen. Kein Gebäude ist größer und besser als diese Wohnstätte für Odin. Sie heißt Freudeheim, und innen und außen glänzt vieles von rotem Gold. Auch Walhall, die Halle der Gefallenen, befindet sich hier.

Für die Göttinnen wurde ein eigener Saal errichtet und reich mit Gold und Silber ausgestattet. Auch für Odins Söhne wurden Wohnstätten gebaut, die für Thor heißt Kraftheim. Und der höchste Wohnort Asgards hat die stärksten Mauern und ist gegen jedes Feuer geschützt.

Die Asen-Götter hatten Midgard, Utgard und Asgard geschaffen und hielten die drei Welten für ewig. Und sie hatten die gewaltige Asenbrücke erbaut, die Götterburg und Menschenwelt verbindet. Diese Brücke heißt

Bifröst, lodert in feurigem Rot, was die Bergriesen abschreckt, schimmert in vielen anderen Farben und wird Regenbogen genannt. Bifröst ist mit mehr Scharfsinn und Kunstfertigkeit gemacht als andere Gebilde, aber wird trotzdem brechen, wenn einst die Feinde angreifen werden. Scheint die Sonne bei Regen, leuchtet Bifröst für jeden sichtbar wie aus tausend mal tausend funkelnden Steinen in den Himmel gebaut. Hell glänzt auch der Ase Heimdall, der Wächter bei der Asenbrücke. Er wohnt in der Stätte Weitglanz am Rande der Götterburg. Heimdall hat Zähne aus Gold und reitet das Pferd Goldzopf, und sein blinkendes Schwert leuchtet über die Welten.

Auf Odins Wohnstätte steht ein Aussichtsturm mit einem Platz am Fenster, das ist Odins Hochsitz Hlidskjalf; von ihm beobachtet er alle Welten und behält die Taten der Menschen im Gedächtnis. In dieser Frühzeit lebten die Asen mit den Riesen oft einträchtig nebeneinander; fast alle Bewohner von Utgard begnügten sich mit den Randorten. Doch einige Frostriesen und Bergriesen haßten die Menschen, weil die Götter denen die fruchtbaren Ebenen frei hielten, und traten Felsblöcke gegen Gehöfte der Menschen oder warfen Unwetter aus Sand oder Hagel gegen Midgard. Erspähte der Göttervater von Hlidskjalf derartige Friedensbrecher, gab er Thor Nachricht, und der schlug sie zurück.

Die Götter pflegten mit den Menschen Freundschaft, lehrten sie Lebensrunen und Freude bringende Runen. Die Gesichter der Asen und Menschen glänzten von Glück. In Midgard trugen die Felder so üppige Ernten, daß einigen Menschen von übermäßigem Essen die Bäuche platzten.

Odin zähmte die Raben Huginn und Muninn und lehrte sie klug zu sprechen. Morgens fliegen sie hinaus in die Welten, kehren abends zurück, setzen sich auf Odins Schultern und flüstern ihm Neuigkeiten ins Ohr. Der Göttervater sieht darauf, daß außer seiner Frau Frigg niemand Hlidskjalf betritt. Odin behauptet, anderen Göttern fehle die Weisheit, alles Beobachtete zu deuten, oder ihre Sinne würden von dem Gesehenen verwirrt. Wie rasch das geschehen konnte, wird bald zu erzählen sein.

Von seinem Hochsitz beobachtete Odin auch das zweite Göttergeschlecht, die Vanen in Vanenheim, über deren Herkunft nichts überliefert ist. Die Vanen lebten in größerem Wohlstand als die Asen. Und die Raben Huginn und Muninn flüsterten Odin zu, die Vanen besäßen mehr und reineres Gold als die Asen.

2

Die Asen-Götter nehmen den Riesen Loki auf

Manchmal steigt Odin von Hlidskjalf, wirft seinen blauen Wolkenmantel über, setzt seinen breitkrempigen Hut auf und sieht in den Welten selber nach dem Rechten. Zuweilen kehrt er in Midgard bei schönen Mädchen und anmutigen Frauen ein.

Odin ist hochgewachsen und der vornehmste aller Götter. Jeder, der ihn ansieht, freut sich über seine stattliche Erscheinung. Er spricht so gewandt und eindringlich, daß alle Zuhörer meinen, allein er sage die Wahrheit. Und durch seine Zauberkunde kann er nach

Belieben Aussehen und Gestalt wechseln, von einem Augenblick zum anderen in ferne Länder fahren, durch Worte Feuer löschen, Stürme besänftigen, Winde drehen, nach welcher Seite er will. Und er versteht Krankheiten zu heilen und Unheil abzuwenden. Aber er kann auch jemandem Kraft und Verstand rauben und anderen verleihen oder gar Krankheiten, Unglück und Tod verhängen, über wen und wie er es will. Auch setzt er sich unter Gehenkte nieder und weckt andere Tote auf.

So erfahren und weise Odin auch ist, allein kann und will er nicht herrschen. Das vollziehen die Götter gemeinsam im Rat; dort treffen sie sich täglich, halten Gericht und besprechen, wie die Welten zu erhalten sind. Auch die Göttinnen gehören zum Rat und werden für ebenso mächtig gehalten wie die Götter.

Odins Frau Frigg ist die angesehenste Asin, sie besitzt ein Falkengewand und fliegt damit häufig nach Midgard. Die Menschen verehren sie als Göttin der Familie und der Frauen. Ihre Wohnstätte heißt Meer-Säle. Die Asin Fulla hütet ihre Schatzkiste, bewahrt ihre Schuhe auf und kennt Friggs Geheimnisse. Die Jungfrau Fulla trägt ihr Haar offen und ein Goldband um die Stirn.

Odin und Frigg vertreten bei Streitfällen der Menschen oft verfeindete Parteien und suchen einander zu hintergehen, aber sonst führen beide, wie es heißt, eine gute Ehe. Frigg kränkt, daß Odin manchmal Mädchen verführt, doch auch ihr werden Liebesabenteuer nachgesagt. Odin und Frigg verbindet vor allem die Liebe zu ihrem Sohn Balder.

Die Menschen verehren, auch durch Opfer, am meisten Odins ersten Sohn Thor, den stärksten Gott und Herrn des Gewitters. Thor trägt einen wallenden roten

Bart, braust mit seinem Bocksgespann über die Wolken, schickt milde Gewitter und warme Regen für Saaten und Weiden oder sendet Blitze gegen Feinde aus Utgard.

In der Frühzeit hielten die Asen nach dem Rat fröhliche Gelage, speisten von goldenen Schüsseln, tranken Bier und Met aus kostbaren Trinkhörnern; funkelnde Steine zierten ihr Tischgerät; die lärmige Halle schimmerte im Feuer des Goldes.

Odin trinkt Wein, das ist zugleich seine Speise. Als größter Esser und Trinker wird Thor gerühmt; Lachs schmeckt ihm am besten; zu mancher Mahlzeit verspeist er einen ganzen Ochsen. Es heißt, der hemmungslose Appetit Thors, des Sohnes von Jörd, der Erde, sei Zeichen seiner Kraft.

Die Göttinnen und Götter feierten das Geschaffene, ihre Befreiung von der rauhen Welt der Riesen. Sie liebten das Brettspiel mit den goldenen Figuren. Häufig saß der Ase Balder neben dem blinden Asen Höd, reichte ihm Speisen und füllte ihm das Trinkhorn, führte ihn durch Wohnstätten auf Asgard oder zu Spaziergängen ins Freie. Mehrmals kamen schöne Riesinnen zu Gelagen und übergaben Goldklumpen. Heimdall warnte: Geschenke von Riesen bedeuten Gefahr. Doch Odin und die Asinnen nahmen das Gold an.

Die Asin Idun verwahrt in einer Truhe die goldschimmernden Äpfel der Jugend und reicht den Asen davon täglich nach dem Mahl. Kein Ase meinte, die Früchte könnten einmal ausbleiben. Und da die Götter nicht alterten, glaubten sie an ihre Unsterblichkeit. Die Frauen lobten Odins kraftvolle Lenden, er warf den Speer weiter als in seiner Jugend.

Die Asen hielten täglich Rat, wie die Welten weiter zu

bauen seien, und befanden auch über die Lichtalfen. Die kleinen anmutigen Wesen sind schöner als die Sonne, wohnen in Alfenheim westlich von Asgard, wurden zu Gefährten der Götter bestimmt und angehalten, den Menschen wohlgesonnen zu sein.

Und die Asen entschieden auch über die Maden, die im Fleische des Ymir gewachsen waren, sich zahlreich im Speichel des riesischen Urwesens und in seinem Blut vermehrt hatten, das aus seinen Wunden schwappte und gerann. Die Götter verliehen diesen Maden Gestalt und Verstand der Menschen und bestimmten, sie sollten in der Erde und in den Steinen wohnen. So entstanden die Zwerge, auch Schwarzalfen genannt. Die meisten sind schwärzer als Pech. Einige heißen Schrumpfhaut, Trotzig, Hügelspürer, Lauerwolf, Hornbohrer. Viele Zwerge sind kunstfertige Handwerker und verstehen bessere Schmuckstücke, Werkzeuge und Waffen zu fertigen als die Götter, was denen Unglück bringen sollte. So hatten die Asen Schwarzalfenheim geschaffen und meinten, auch diese Welt habe für immer Bestand.

Eines Tages stieg ein kleiner Riese nach Asgard, riet zu geschickterem Bauen und offenbarte Anschläge von Trollen gegen Midgard. Da gerieten die Asen in heftigen Streit. Die Ratschläge des Riesen bewährten sich, und er kam häufiger. Thor mochte diesen redegewandten Jungen mit Namen Loki und wählte ihn gern als Begleiter auf seinen Fahrten. Dieser zu lustigen Streichen aufgelegte Bursche suchte die Nähe von Odin, fühlte sich dessen Wesen verwandt und bat ihn, sein Wunschsohn zu werden. Thor sprach im Rat dafür. Und die Asin Idun scherzte, ob Loki nur wegen ihrer Äpfel zu den Asen gehören wolle.

Der Wächter Heimdall mißtraute Loki. Heimdall ist von neun Schwestern geboren, er braucht weniger Schlaf als ein Vogel, sieht Tag und Nacht hundert Meilen weit, und er hört nicht nur das Gras auf dem Boden, sondern auch die Wolle auf den Schafen wachsen. Der Späher neben Bifröst warnte, ein junger Riese in Asgard berge Gefahr: sein Scharfsinn könne leicht zur Tücke, seine List zur Hinterlist werden, er verwirre die Asinnen durch schöne Worte und stifte im Rat Unheil.

Odin stieg auf Hlidskjalf und bedachte die Einwände des Wächters von Asgard; Heimdall wurde der hellste Ase genannt.

Aber Balder sprach im Rat für Loki. Balder galt als der Beste, alle Götter lobten ihn. Er war schön und glänzte so, daß ein Leuchten von ihm ausging. Die Menschen verehrten Balder auch als Gott der Sonne und des Lichtes. Er gehörte zu den Klügsten, redete geschickt wie Odin und war der Versöhnlichste und Gerechteste. Damals wurden Balders Ratschläge noch befolgt: Nähmen die Asen einen jungen Riesen auf, stärke das ihre Gemeinschaft und versöhne Götter und Riesen. Keiner ahnte die Folgen dieses Vertrauens.

Odin witterte in Loki Blut von seinem Blut und Fleisch von seinem Fleisch, er pries seine Schlauheit und sein schönes Antlitz; und Loki besitze besondere Schuhe, die ihn überall hintrügen und den Asen nützen könnten. So überredete der Göttervater die Zweifler im Rat, mischte mit Loki sein Blut und erhob ihn zum Wahlsohn. Seitdem wurde auch Loki Ase genannt. Vielleicht ahnte Odin, der Friede zwischen Göttern und Riesen breche bald, und keiner durchschaue die Heimtücke der Riesen besser als ein Übergetretener. Die Aufnahme Lokis in Asgard sollte den Göttern und Menschen zum Verhängnis werden.

3

Der Weltenbaum

Die Götter treffen sich zum täglichen Rat auch beim Weltenbaum, der Esche Yggdrasill. Er ist der größte und beste aller Bäume, breitet seine Äste über alle Welten aus und schützt Midgard. Seine Krone stützt den Himmel. Der Lebensbaum steht immergrün; verdorrt ein Zweig, sprießen am nächsten Tag neue Blätter. Drei starke Wurzeln greifen weit aus und halten Yggdrasill aufrecht. Die erste Wurzel reicht zu den Göttern und Menschen, die zweite zu den Riesen, die dritte nach Niflheim. Unter jeder Wurzel entspringt eine Quelle.

Wie alle Stätten, wo Rat gehalten wird, ist auch diese bei der Weltenesche unverletzlich, also heilig. Die Götter reiten zu ihr über die Asenbrücke Bifröst. Nur Thor geht zu Fuß und durchwatet zahlreiche Flüsse.

Auf der Spitze des Weltenbaumes wacht ein Hahn, er glänzt von Gold und leuchtet in der Sonne. In den Zweigen der Esche sitzt ein weiser Adler und hält Ausschau nach möglichen Feinden. Zwischen den Augen des Adlers sitzt ein Habicht und macht das Wetter. Der Habicht heißt Der im Sturm Zerzauste.

Vier Hirsche laufen außen um die Esche, fressen mit zurückgebogenen Hälsen Blätter und beißen frische Knospen ab. Aber je emsiger in der Frühzeit die Tiere weideten, desto mehr neue Zweige trieb Yggdrasill. Kein kahler Ast stach aus dem dichten Laubwerk.

Unter der Eschenwurzel, die über Niflheim liegt, hausen mehr Schlangen, als eine Zunge zählen kann, und knabbern an den Wurzeln von Yggdrasill. Einige Schlangen heißen Höhlenwölfin, Graurücken, Aufhetzerin. Inmitten dieser Ottern liegt der Drache Nidhögg, der grimmig Hackende, und zerbeißt Pfahlwurzeln. Die Untiere nagen und mühen sich, den Stamm zu lockern, doch Yggdrasill senkt neue Wurzeln in die Erde. In der Frühzeit galt den Asen der Baum unfällbar, obwohl oben an den Zweigen Hirsche fraßen, die Seiten des Baumes faulten und unten Nidhögg nagte.

Zwischen dem Drachen Nidhögg und dem Adler eilt das Eichhörnchen Ratatosk, was Nagezahn heißt, am Stamm der Weltenesche auf und nieder. Es ist flink, neugierig und geschwätzig. Das Eichhörnchen tuschelt mit dem Adler über den Drachen und mit dem Drachen über den Adler, es flüstert, damit Worte mißverstanden werden. Nagezahn verrät dem Adler die Schmähungen von Nidhögg und jenem die Vorwürfe des Adlers. So entsteht Streit zwischen dem Adler als Vertrautem der Götter und dem Drachen, bis daraus Feindschaft erwächst.

Unter der Wurzel bei Niflheim, wo Nidhögg und die Schlangen nagen, liegt Hvergelmir, der brausende Kessel. Bei der Wurzel, die zu den Frostriesen führt, befindet sich der Brunnen des Mimir. Dieser Mann ist voller Weisheit; in dem Brunnen, den er hegte, liegen Verstand und Scharfsinn. Und so lange er den Brunnen behütete, trank er von dem Wasser täglich mit dem Gjallarhorn, das er für Heimdall verwahrte. Der Wächter von Asgard würde dieses lauttönende Horn erst vom Brunnen holen und darauf blasen, wenn für die Welten Gefahr drohe.

Unter jener Wurzel der Weltenesche, die zu den Menschen reicht, liegt der Brunnen der Norne Urd. In einem prächtigen Saal wohnen hier drei Nornen, die Schicksalsfrauen. Täglich schöpfen sie Wasser aus dem Brunnen und besprengen die Esche, damit die Zweige nicht vertrocknen. Und mit dem Lehm im Wasser düngen sie Yggdrasill. Das Wasser ist so heilig, daß alle Dinge, die damit benetzt werden, sich weiß färben wie die innere Eihaut. Tau fällt von der Esche und feuchtet die Erde. Er heißt Honigtau, weil sich davon die Bienen nähren. Auch zwei Schwäne, die im Urd-Brunnen leben, trinken davon. Von beiden stammt das ganze Geschlecht der Schwäne.

Die Nornen messen allen Wesen ihr Schicksal zu; das tut die Norne Urd für die Vergangenheit, die Norne Verdandi für die Gegenwart und die Norne Skuld für die Zukunft.

Es gibt auch andere Nornen, sie weben ebenfalls am künftigen Geschick. Einige Nornen stammen von den Asen ab, andere von den Lichtalfen oder von den Zwergen. Es heißt, Nornen aus gutem Geschlecht teilen Gutes zu, solche von böser Herkunft verhängen Unheil. Manchen Menschen werden Wohlleben und Macht beschert, andere bekommen weder Vorteil noch Ruhm: der Lebensfaden wird verschieden lang gesponnen. Jeder Mensch, wird erzählt, habe von Geburt an eine Norne, die begleite ihn sein Leben. Einigen Nornen wird Hilfe bei der Geburt zugeschrieben.

Auch die Götter greifen in das Schicksal der Menschen ein; aber den Asen bliebe ihr eigenes verborgen, behaupteten die Nornen und verkündeten: Wir weben die Zukunft der Götter, nur wir kennen ihr Schicksal; einst wird der Weltenbaum verdorren, und von Muspellsheim, der heißen Gegend im Süden, kommt deren Anführer, der Feuerriese Surt, und brennt mit seinem Flammenschwert alle Welten nieder, Yggdrasill wird lodernd zusammenstürzen.

Balder und Höd lachten über diese Prophezeiung.

Thor vertraute seiner Kraft und der Macht und der Weisheit der Götter.

Heimdall spähte nach Weltfeinden.

Odin stieg von Ahnungen getrieben auf Hlidskjalf.

4

Der Vanen-Gott Frey wirbt um die schöne Riesin Gerd

Der Vater der Asen beobachtete von seinem Hochsitz oft das Reich der Vanen. Im goldenen Zeitalter besuchten sich die Angesehensten der beiden Göttergeschlechter häufig in ihren Wohnstätten. Die Vanen meiden Streit, halten sich nicht für klüger als andere und sind wegen ihrer Fröhlichkeit bei den Asen beliebt. Viele Vanen sind der Sinnesfreude zugetan. Der bedeutendste Vane ist Frey. Die Menschen rufen ihn nicht nur an, weil er Frieden und Wohlstand, sondern auch reiche Ernten gewährt.

Einmal weilten Frey und sein Vater Njörd in der Halle Odins. Als der Vater der Asen nach reichlich Wein eine

Rede in Versen hielt, schlich sich der junge Frey aus der Halle und stieg auf Hlidskjalf, was verboten war. Ihn trieb Neugier. Von Hlidskjalf schaute Frey, wie sonst nur der Göttervater, über alle Welten. Er sah die Menschen Langhäuser bauen und sich mit Ochsengespannen vor Holzpflügen mühen. Riesen tummelten sich auf kargen Hängen. Er sah drei- und sechsköpfige Riesen, Fünf- und Siebenhänder. Die bösartigen Riesen werden Thursen genannt. Dann gewahrte Frey im Norden Riesenheims ein prächtig umzäuntes Gebäude. Vor dem ging ein Mädchen über den Hof. Das Bild währte nicht länger als der Schein eines Sonnenstrahls.

Frey stieg wieder zur Festhalle hinab, sprach kein Wort mehr, wies sogar Met zurück, was noch nie vorgekommen war. Das Mädchen vor dem umzäunten Gebäude heißt Gerd und ist die Tochter des gefürchteten Bergriesen Gymir. Rächte sich so Freys Vermessenheit, Odins Verbot übertreten zu haben?

Als Gott des Genusses und der Liebesfreude ist Frey sehr frauenkundig. Nach den harten, eisigen Wintern fährt er festlich auf mit Kühen bespannten Wagen über Land und bringt Fruchtbarkeit für Saat und Weiden; da geben sich ihm die schönsten Frauen und Mädchen hin. In der Halle Odins verstand niemand Freys Schweigen. Keiner wagte ein Wort an ihn zu richten.

Njörd sorgte sich um seinen Sohn, rief dessen Gefährten Skirnir, den Strahlenden, und bat ihn, Frey zum Reden zu bringen und auszuforschen, warum er so bedrückt im Saal hocke.

Skirnir ging widerwillig, weil er von Frey eine schroffe Antwort befürchtete. Auf eine Frage erwiderte Frey:

»Wie könntest du meinen Schmerz fassen! Die Sonne

scheint für jedes Büschel Gras, aber nicht für meine Liebe.«

»Die kann so mächtig nicht sein«, erwiderte Skirnir, »wie oft saßen wir nebeneinander beim Gelage, da war kein Platz für Verschlossenheit.« Und er erinnerte Frey an dessen Liebschaften, die keiner zählen könne.

Frey pries das Mädchen in Gymirs Hof: »Als sie die Hand hob, die Tür zu öffnen, leuchteten von ihren Armen Himmel und Meer, und die Welt strahlte wider von ihrem Glanz. Wann liebte je ein Jüngling so ein Mädchen! Wenn ich sie nicht bekomme, will ich nicht länger leben.«

Nach Skirnirs Bericht begriff Njörd, wie ernst es Frey war, und bat den Gefährten seines Sohnes, dessen Bitte zu erfüllen und um Gerd zu werben. Die Verbindung eines Gottes und einer Riesin fördere zudem den Zusammenhalt der Welten.

Skirnir wollte um Gerd werben, wenn Frey ihm sein Schwert gebe. Das focht von selbst, und dessen Träger galt als unbezwingbar. Frey gab ihm auch sein Pferd, das vermochte die Waberlohe, den schützenden Feuerwall, um Gymirs Hof zu überspringen.

Skirnir ritt nach Riesenheim, wohlgerüstet und mit Geschenken. Die Nacht war finster. Feucht glitzerte das Felsengebirge im Morgenschimmer.

Da sprach Skirnir zu dem Pferd: »Entweder führen wir Gerd heim, oder der grimmige Gymir zerschmettert uns.« Die meisten Riesen waren gutmütig und friedfertig. Aber Gerds Vater gehörte zu den streitsüchtigsten und boshaftesten Bergriesen.

Auf einem Hügel beim Hofe Gymirs saß ein Wächter und hielt Ausschau. Vom Zaun des Hofes kläfften bissige Hunde.

Skirnir sprach zu dem Wächter: »Ich habe eine Botschaft für Gerd, aber die Hundemeute wütet.«

»Du wirst die Schöne nie sehen!« rief der Wächter. »Eher wirst du sterben. Oder sitzt schon ein Toter im Sattel?«

Weder Wächter noch kläffende Hunde hielten Skirnir von seinem Auftrag ab. Und Skirnir meinte, den letzten Tag seines Lebens bestimme ohnehin nicht er, gab dem Pferd die Sporen und setzte mit einem gewaltigen Sprung über die Waberlohe.

Im Hofe griff ihn Gerds Bruder an, brüllend, ein wütiger Riese, der bei seiner Schwester wachte, wenn der Vater unterwegs war. Skirnir wollte ihn schonen, denn das Blut des Bruders würde Gerd abschrecken. Der Riese hieb auf Skirnir ein, spaltete seinen Schild, haute ihn kleiner. Um nicht zu fallen, mußte Skirnir das gefürchtete Schwert ziehen. Die Klinge suchte sich die Blößen des Gegners und fällte den Bergriesen.

Das Krachen der Schwerter klang bis in die Halle Gerds. Die Schöne fragte ihre Magd: »Was ist das für ein Lärm? Der Saalboden zittert, der ganze Gymirhof bebt.«

Die Magd sah nach und berichtete, ein Mann sei vom Pferd gestiegen und lasse es grasen, er trage ein schmales Schwert und wirke überaus entschlossen.

»Laß ihn in die Halle treten«, sagte Gerd, »biete ihm Met an.«

Skirnir trat in den Saal.

Gerd fragte den Fremden, ob er ein Ase oder ein Vane sei. »Und warum rittest du allein durch die flackernde Waberlohe?«

Skirnir verneinte göttliche Abkunft, er sei nur ein Bote des Vanen Frey, der sende ihr goldene Äpfel der Verjüngung. Skirnir zeigte Gerd die elf Äpfel und sagte: »Die schenke ich dir, Gerd, als Zeichen für Freys Liebe und damit du ihm deine bekennst.«

Gerd wies die Äpfel wütend zurück und rief: »Nie beuge ich mich einem Werber, nie werde ich in Freys Halle sitzen, so lange ich lebe!«

Skirnir bot ihr den kostbarsten aller Ringe.

Auch den wehrte Gerd ab. Ihr fehle es weder an Gold noch kostbaren Steinen. Der Riese Gymir hatte für seine Tochter drei Höhlen voller Schätze gehortet.

Wie sein Herr war Skirnir Feind von Unterwerfung und Gewalt. Aber er fürchtete für das Leben Freys. Widerstand die störrische Gerd aus Stolz und riesischem Eigensinn? Verzehrte sie sich heimlich wie manche Riesin nach dem schönen Frey? Sträubte sie sich aus Furcht vor ihrem Vater, oder weil ihr Bruder fiel? Also drohte Skirnir mit dem Äußersten:

»Sieh dieses scharfe Schwert. Die Ornamente auf seiner Klinge brenn ich dir ein. Den schönen Kopf hau ich dir vom Halse, wenn du nicht einwilligst!«

Gerd erwiderte noch trotziger: »Nie beuge ich mich Zwang und Männerliebe! Gleich wird mein Vater in die Halle stürmen und dich niederstrecken.«

Skirnir zückte das Schwert und hielt es in Richtung der Tür: »Das fällt auch den Alten.«

Gerd blieb kalt wie draußen der Fels.

Da zog Skirnir das Zauberreis und sprach zur Widerspenstigen: »Zähmen wird dich mein Wille, Weib. Hokken sollst du auf einer steilen Felsklippe, nur Adlern zugänglich. Sollst dich ekeln vor jeder Speise, mehr als die Menschen vor der giftigsten Schlange. Wahnsinn und Neid, Enttäuschung und Ungeduld treiben dich zu Tränen. Tag für Tag quälen dich Trolle. Tag für Tag sollst du dich vor Hunger hinschleppen in die Halle der Frostriesen. Statt der Freude sättige dich Leid. Bei dreiköpfigen Thursen sollst du hausen oder unvermählt alt und krumm werden. Begierde schüttle dich. Sehnsucht versenge dich. Wie eine Distel sollst du verdorren am Wegrand. Odin zürnt dir. Hört, ihr Asen und Vanen, ich banne von der Anmutigsten allen Mannesgenuß!«

Skirnir sah, wie eine winzige Falte neben Gerds Mund sich unter seinen Verwünschungen tiefer in die Haut grub. Der Gefährte Freys verwünschte die Eingeschüchterte weiter:

»Hrimgrimnir, das scheußlichste Ungeheuer, soll dir täglich zwischen die Schenkel gehen, am Tor zum Totenreich. Trolle werden dir Ziegenpisse einflößen. Jeder andere Trank wird verweigert. Das tust du dir an, Mädchen. Das zwing ich dir auf. Gleich ritz ich die Runen, ein Zeichen für den Thursen. Und in drei Stäbe schneid ich Geilheit, Leid und Liebesrasen!«

Langsam setzte Skirnir das Messer an, um den Runenzauber wirken zu lassen. Da nahm Gerd rasch den gefüllten Kristallkelch und rief:

»Hier, trink den Met. Nie hätte ich geahnt, den stattlichen Frey zu wählen!«

Nach dem Versöhnungstrunk bat Skirnir um eine Botschaft an Frey, wann Gerd sich ihm hingeben wolle.

Dann ritt Skirnir heim. Frey stand schon draußen vor der Tür und drängte auf eine Antwort, noch ehe der Gefährte den Sattel abnahm und einen Fuß vor den anderen setzte.

Skirnir nannte ein Kornfeld, dort wolle im Frühlingswind Gerd in neun Nächten mit Frey Hochzeit halten.

»Eine Nacht ist lang, länger sind zwei, wie überstehe ich drei?« rief Frey. »Oft vergeht ein Monat rascher als eine halbe Nacht Sehnsucht.«

Frey und Gerd feierten Hochzeit und blieben Mann und Frau. Sie hatten zusammen einen Sohn Fjölnir, der wurde ein mächtiger König.

Zum Dank schenkte Frey seinem Gefährten Skirnir sein Schwert, so groß war seine Liebe – vielleicht war dem Fruchtbarkeitsgott die Waffe ohnehin lästig, aber er konnte nicht ahnen, wie sie ihm einst fehlen würde.

5

Wie Knechte, Bauern und Könige entstehen

Odin und Frigg saßen auf Hlidskjalf, blickten über die Welten und stritten über die letzte Abmachung im Rat, wonach Heimdall nach Midgard entsandt werden sollte, um die Stände der Menschen zu schaffen; aber Odin wollte das selber tun, denn ihm lag daran, zahlreiche Menschen mit Besitz und Macht auszustatten.

Frigg gönnte ihrem Mann die Fahrt nach Midgard nicht, denn die würde ihm, wie sie meinte, Vergnügen und Lust bescheren. Vielleicht gelang Odin, durch geschickte Rede Friggs Befürchtungen zu zerstreuen, und er ging unter dem Namen Heimdall unter die Menschen. Vielleicht war es auch Heimdall selbst.

Und so machte sich der Ase auf nach Midgard, wanderte auf grasbewachsenen Wegen und kam an die Küste eines Binnensees zu einem Hof, der aus einigen Hütten bestand. Heimdall trat durch die offene Tür des Wohnhauses. In einer von Steinen eingefaßten Feuerstelle brannte Holz. Um die saßen Ai und Edda, Urgroßvater und Urgroßmutter, die noch keine Kinder hatten. Heimdall wurde nach seinem Namen befragt und nannte sich Rig, dann bat er die beiden Alten auseinanderzurücken und setzte sich zwischen sie auf die Bank. Edda reichte grobes Brot – die Kornhülsen bröckelten –, goß Fleischbrühe in rauhe Tonschalen und legte andere karge Speisen auf den Tisch.

Bald erhob sich Odin, riet Edda, das Bett zu machen, und legte sich zwischen Urgroßvater und Urgroßmutter. Er lebte drei Tage bei ihnen, dann wanderte er weiter.

Nach neun Monaten gebar Edda einen Knaben, er wurde mit Wasser besprengt und, weil er erdig aussah, Knecht genannt. Seine Hände waren runzlig, die Knöchel knotig und die Finger dick. Er hatte ein grobes Antlitz, einen gekrümmten Rücken und lange Fersen.

Der Knecht wuchs heran, wurde kräftiger und begann Bast zu binden, er schleppte den ganzen Tag Reisig und andere Lasten.

Da trat ein Weib mit gebogener Nase und krummen Beinen in den Hof. Ihre Arme waren braungebrannt, feuchte Erde klebte an ihren Sohlen. Und man nannte sie Magd.

Der Knecht und die Magd setzten sich auf eine Bank und sprachen lange miteinander, dann tat jeder seine Arbeit. Und abends machten sie das Bett, fühlten sich auch dort behaglich und bekamen dann zahlreiche Kinder. Einige Söhne hießen Kühjunge, Plumpsack, Stinker, Dickwanst, Faulpelz und Kraftprotz. Sie zimmerten Zäune, bebauten Felder, züchteten Schweine, hüteten

Ziegen und gruben Torf. Einige Töchter hießen Trampel, Dickwade, Schandschnauze, Küchenschabe, Lumpenlise und Kranichbein. Sie gebaren den Stand der Knechte und Mägde.

Nachdem Heimdall Ai und Edda verlassen hatte, ging er breite, ausgetretene Wege und kam an ein größeres Gehöft. Der Gast fand die Tür zur Halle im Wohnhaus angelehnt, trat ein und nannte sich Rig. Um das Feuer, das auf dem Boden loderte, saßen kinderlos Afe und Amma, Großvater und Großmutter; sie ließen sich von ihren Arbeiten nicht abhalten. Der Großvater behaute ein Holz für den Webebaum. Heimdall sah das Haar des Mannes in die Stirn gekämmt und oberhalb der Brauen beschnitten, seinen Bart geordnet; über seinen Leib spannte sich ein Hemd. Die Großmutter saß neben einer Truhe, webte Stoffe für Kleider und streckte die Arme bei emsiger Arbeit. Die Frau trug einen Kopfputz, eine Jacke mit Ärmeln und um den Hals ein Tuch; zwei Spangen hielten das an den Achseln.

Heimdall gefiel die Kleidung der Frau, bat Großvater und Großmutter auseinanderzurücken und setzte sich zwischen sie auf die Bank. Die Großmutter brachte weiches frischgebackenes Brot und Bier und dann volle Schüsseln mit köstlichem Kalbfleisch.

Nach dem Essen riet Heimdall den beiden, ins Bett zu gehen, und legte sich zwischen Großvater und Großmutter. Heimdall weilte drei Tage und drei Nächte bei ihnen, dann machte er sich wieder auf den Weg.

Nach neun Monaten gebar die Großmutter ein Kind, besprengte es mit Wasser und nannte es Karl. Die Haut des Knaben war frisch und rot, sein Blick lebhaft, er wuchs und gedieh. Karl zimmerte dann Häuser, zähmte

Ochsen, schmiedete Schare, lenkte den Pflug und erfand den Kastenwagen zum Transport von Lasten.

Dann holte sich Karl eine Frau mit Schlüsseln am Gürtel und einem Rock aus Ziegenleder. Sie hieß Schnur und trug einen Schleier. Der Bauer und seine Frau gründeten einen Haushalt, fühlten sich im Bett ebenso wohl wie am Feuer und hatten zahlreiche Kinder. Einige Söhne hießen Schmied, Flechtbart, Zimmerer, Pflüger und Glattbart, einige Töchter hießen Flinkzunge, Sittsame, Weberin, Schmucke und Stolze.

Von Karl und seiner Frau kommt der Stand der Freien. Dazu gehören die Bauern, Handwerker, Händler, Fischer.

Dann lief Heimdall feste, gerade Wege und kam an einen großen Hof. Die Tür zum Saal ging nach Süden, war gegen Wind und Wetter geschützt und zur Seite geschoben. Heimdall trat auf das Stroh, mit dem der festgestampfte Fußboden bestreut war, und nannte sich Rig.

Im Saal saßen Vater und Mutter, spielten mit den Fingern und sahen sich freundlich an, taten sonst nichts. Dann drehte der Hausherr die Sehne, spannte den Bogen und schnitt Pfeile. Die Hausfrau betrachtete wohlgefällig ihre Arme, strich über den kostbaren Stoff ihres Gewandes und zog die Ärmel straff. Ihr Kopfschmuck ragte hoch über ihr Schleppkleid. Da berührte Heimdall ihre Wangen, die waren heller, ihre Brust, die war glänzender, ihren Hals, der war weißer als reiner, frischgefallener Schnee.

Heimdall bat das Ehepaar auseinanderzurücken und setzte sich auf die Bank zwischen beide. Die Mutter deckte ein weißes gemustertes Tuch auf den Tisch, stellte silberne Schüsseln mit geschmorten Scheiben Speck und gebratenen Vögeln darauf und reichte dünne weiße Brote von Weizen. Dann brachte sie eine Kanne Wein und schenkte in die Kelche ein. Nach dem Essen tranken sie weiter und redeten den ganzen Tag.

Dann gab Heimdall ihnen den Rat, das Bett zu machen; und er legte sich zwischen Vater und Mutter. Er blieb drei Nächte und fühlte sich sehr behaglich. Dann machte er sich schweren Herzens auf den Weg.

Und es vergingen neun Monate. Die Mutter gebar einen Knaben, hüllte ihn in Seide, er wurde mit Wasser besprengt und Jarl genannt. Sein Haar war flachsgelb, seine Wangen glänzten hell, und seine Augen blitzten scharf wie die einer jungen Schlange. Der junge Jarl wuchs heran und lernte die Sehne am Bogen zu spannen und Pfeile zu spitzen. Dann ritt er Hengste ein, warf Speere, hetzte Hunde und schwamm durch den Sund.

Eines Tages jagte der junge Jarl im Wald, da trat Heimdall, als Rig verkleidet, aus einem Hain und lehrte ihn Runen schneiden, ihren Sinn und ihren Zauber. Als Heimdall sah, wie geschickt der junge Jarl die Runen zu handhaben wußte, gab er ihm seinen Namen und erkannte ihn als seinen Sohn an. Und Jarl hieß nun Rig Jarl und erhielt von Heimdall ausreichend Grundbesitz.

Rig Jarl besaß achtzehn Höfe und war sehr wohlhabend, er verschenkte Pferde, goldene Armspangen und verteilte andere Kostbarkeiten. Auch dadurch erwarb er sich großes Ansehen.

Rig Jarl sandte Gefährten zur Halle des mächtigen Hersen, sie sollten um dessen Tochter Erna werben. Das Mädchen war sehr klug und anmutig, sie war schmalfingrig, und ihre Haut schimmerte weiß wie das Gefieder junger Gänse. Die Boten gewannen die Tochter und führten sie dem Jarl heim.

Rig Jarl und Erna wohnten zusammen, fanden Gefallen aneinander und bekamen zahlreiche Kinder. Der Älteste hieß Sohn, andere wurden Erbe, Nachkomme, Sprößling genannt. Jung König hieß der Jüngste. Die Söhne des Jarl wuchsen heran; sie spitzten Pfeile, rundeten Schilde, zähmten ungestüme Pferde und warfen den Speer aus Eichenholz.

Heimdall lehrte Jung König Runen, auch solche, deren Zauberkraft ewig währt. Jung König vermochte nun die Geburt der Menschen zu fördern, Schwerter und Pfeile zu stumpfen und den Sturm zu stillen. Und er lernte das Krächzen der Vögel zu verstehen, Feuersbrünste zu ersticken, aufgebrachte Gemüter zu besänftigen und Sorgen zu lindern. Er gewann Stärke und Kraft von acht Männern.

Jung König maß sich mit Rig Jarl in Runenkunde und gewann durch größere Klugheit und List. Da wurde ihm gestattet, Rig zu heißen, und man nannte ihn runenkundig.

Einmal ritt Jung König durch den Wald, jagte mit Pfeil und Bogen und lockte Vögel durch Köder. Da rief eine Krähe von einem Zweig: »Warum, Jung König, stellst du Vögeln nach? Du solltest lieber Pferde satteln und Krieger fällen. Im Lande jenseits des Sunds herrscht ein König, der hält sich für mächtiger.«

Was krächze die Krähe in die Stille, erwiderte Jung König, und verscheuche ihm die Finken, er fälle lieber den stärksten Hirsch als den stärksten König.

In dieser Frühzeit gab es noch derartige Könige.

6
Die Zwerge schmieden um die Wette

Die Asen beobachteten von Asgard, wie die Knechte, Bauern und Jarle sich vermehrten, wie sie Wälder rodeten und Länder besiedelten, und sie hörten die Zwerge in den Schluchten wispern und kichern und in den Höhlen fröhlich hämmern.

Und Loki beobachtete, wie Jarle und Könige Männer um sich bewaffneten und Heere aufstellten. Das meldete er Odin. Aber die meiste Zeit verbrachte Loki mit Thor auf dessen Fahrten nach Utgard, spürte Trolle in Schlupfwinkeln auf und diente Thor öfter bei der Abwehr von Bergriesen. Das erwies sich jetzt als nützlich, denn als der Riese Gymir zurückgekehrt war, seinen Sohn von Skirnir erschlagen und seine Tochter Gerd auf dem Wege zu den Göttern sah, toste er über die Berge, kippte Felswände in die Täler. Starke Bergriesen hätten Gerd, das schönste Riesenmädchen, selbst gern gefreit. Da die Enttäuschten gegen die Götter nicht vorzugehen wagten, zürnten sie gegen deren Lieblingsgeschöpfe, die Menschen. Thor mußte sie schützen und viele Eindringlinge zurückschlagen. Aber die Speere der Götter wurden stumpf oder brachen. Schwerter wurden verbogen. Die von den Asen geschmiedeten Waffen erwiesen sich im Kampf als nicht hart genug.

Eines Tages kehrte Thor von einem Feldzug gegen die Riesen mit zerschlagener Waffe zurück und fand seine Frau Sif weinend, denn Loki hatte ihr im Schlafe das lange goldblonde Haar abgeschnitten. Kein Geschmeide schmückte Sif so wie ihr Haar.

Thor und Loki waren fast Freunde geworden. Es war nicht schwer, Thor zu reizen, dann brauste er auf und wurde jähzornig. Loki brachte so mehrfach Thor gegen sich auf. Hatte sich Thors Zorn gelegt, verzieh er dem Gefährten mit den lustigen Einfällen.

Aber diesmal ergriff der Gewittergott Loki und hätte ihm alle Knochen zerschlagen, wenn der ihm nicht geschworen hätte, zu den Zwergen hinabzusteigen und weit schöneres Haar machen zu lassen, als Sif je besessen hatte. Loki ging zu Ivaldis Söhnen, die galten unter den Zwergen als die kunstfertigsten Schmiede. Sie machten in ihren Höhlen für Sif Haar aus reinem Gold, und das sollte wachsen wie echtes Haar. Da Loki die Folgen seines Streiches nicht bedacht hatte und von den stumpfen Waffen der Götter wußte, bat er Ivaldis Söhne, bessere Waffen zu schmieden. Und die Zwerge hämmerten den Speer Gungnir, den im Wurf nichts hemmte, und bauten das Schiff Skidbladnir.

Auf dem Heimweg traf Loki den Zwerg Brokk, zeigte und pries die kunstvollen Stücke. Brokk sah geringschätzig auf sie herab und behauptete, Meisterschmied sei sein Bruder Sindri, er verstehe Stücke zu hämmern, die den Göttern noch weit mehr Nutzen brächten. Im Überschwang wettete Loki um seinen Kopf, daß Sindri nicht drei gleich kostbare Stücke gelängen wie Sifs Goldhaar, das Schiff Skidbladnir und der Speer Gungnir. Brokk kicherte und wettete seinen Kopf dagegen.

Brokk eilte zu seinem Bruder und berichtete von der Abmachung. Beide gingen sogleich zur Schmiede. Sindri legte einen Blasebalg aus Schweinshaut in die Esse und bat Brokk, so lange zu blasen, bis er das Stück aus der Esse nehme. Sobald Sindri die Schmiede verließ und Brokk zu blasen begann, setzte sich eine Fliege auf seine Haut und stach ihn. Loki waren Zweifel gekommen, ob er nicht wieder zuwenig bedacht hatte, ob er die Wette tatsächlich gewinnen würde, und hatte sich in dieses Tier verwandelt. Brokk hielt den Schmerz aus und blies so lange, bis Sindri das Stück aus der Esse nahm. Es war ein Eber mit goldenen Borsten, genannt Gullinborsti.

Dann legte Sindri Gold in die Esse und bat Brokk, so lange zu blasen, bis er zurückkäme. Als Sindri hinausging, schwirrte die Fliege wieder herbei, setzte sich Brokk auf den Hals und stach doppelt so stark, daß Brokk vor Schmerz fast zu blasen aufhörte, jedoch die Schweinshaut so lange weiterbediente, bis Sindri das zweite Schmiedestück aus der Esse nahm. Das war der Goldring Draupnir.

Schließlich legte Sindri Eisen ins Feuer und mahnte Brokk, das Stück werde unbrauchbar, wenn er sich vom Blasen einen Augenblick abbringen lasse. Diesmal setzte sich die Fliege Brokk zwischen die Augen und stach ihn in die Lider. Brokk blies weiter, bis ihm das Blut in die Augen troff und er nichts mehr sah, da wischte er so rasch er vermochte mit der Hand die Fliege weg. In diesem Moment sackte der Blasebalg zusammen. Der Schmied kam und sagte, beinahe wäre das letzte Stück verdorben, und nahm einen Hammer aus der Esse, den er Mjöllnir, den Zermalmer, nannte.

Sindri gab seinem Bruder den Eber Gullinborsti, den Ring Draupnir und den Hammer Mjöllnir. Dann bat er Brokk, mit den Stücken nach Asgard zu gehen und die Götter entscheiden zu lassen, wer am besten geschmiedet habe.

Auch Loki kam mit den Stücken, die Invaldis Söhne geschmiedet hatten, zur Halle Odins.

Odin, Thor und Frey, der bei den Asen zu Gast war, saßen auf den Richterstühlen.

Loki verteilte seine kostbaren Stücke und erklärte ihren Wert, reichte Odin den Speer Gungnir und sagte, der würde sein Ziel nie verfehlen. Mit dieser einmaligen Waffe hoffte Loki, Odin für sich gewonnen zu haben. Dann gab Loki Thor das Goldhaar für Sif und versicherte, das würde, wenn es auf dem Kopf läge, sich sofort mit dem Fleische verbinden und zu wachsen beginnen. Damit glaubte sich Loki Thors Stimme bei der Entscheidung sicher. Und Frey erhielt Skidbladnir, das beste aller Schiffe, wie Loki beteuerte. Sobald man die Segel setze, habe es günstigen Fahrtwind, wohin man auch steure. Und ginge man über Land oder benötige aus anderen Gründen das Schiff nicht, könne man es zusammenwickeln wie ein Tuch und in einem Beutel tragen. Mit diesen Stücken meinte Loki die Wette zu gewinnen.

Dann holte Brokk die Schmiedestücke Sindris und schenkte Odin den Ring Draupnir und sagte, jede neunte Nacht würden acht gleichschwere Ringe von ihm abtropfen; deshalb heißt Draupnir der Träufler. Brokk gab Frey den Eber und erklärte, der laufe durch die Luft und über das Meer schneller als jedes Pferd, und keine Nacht wäre so dunkel, daß sie nicht von seinen leuchtenden Borsten erhellt würde. Schließlich reichte der Zwerg Thor den Hammer Mjöllnir und versicherte, so hart er auch damit zuschlage und wogegen immer, nichts könne ihm schaden, und er treffe immer sein Ziel, soweit es auch entfernt liege, und kehre doch stets in seine Hand zurück. Und wenn Thor es wünsche, werde der Hammer so klein, daß er ihn ins Hemd stecken könne. Leider habe er einen Fehler, das obere Ende des Schaftes sei etwas zu kurz. Loki verbiß sich bei diesen Worten hämisches Grinsen.

Odin, Thor und Frey berieten sich und nannten den Hammer das beste Stück. Er erwies sich auch als der blendende Blitz. Nichts übertreffe ihn als Waffe gegen die Reifriesen und andere Feinde. Sindri sei der Meisterschmied, und Brokk habe die Wette gewonnen.

Da bat Loki um einen Vergleich und wollte sich durch einen hohen Preis aus der Wette lösen. Aber der Zwerg Brokk forderte seinen Kopf.

»Dann nimm mich«, sagte Loki.

Als Brokk ihn packen wollte, war Loki mit seinen Schuhen auf und davon.

Der Zwerg bat Thor, Loki zu ergreifen. Thor war zornig, weil Loki auch dem Stiel des Hammers geschadet hatte, und Thor pochte darauf, Abmachungen einzuhalten; er verfolgte den Entlaufenen mit seinem Bocksgespann und brachte ihn zurück.

Brokk wollte Loki den Kopf abschlagen, da sagte der Listige: »Dir gehört der Kopf, aber nicht der Hals. Haben wir um den gewettet?«

Der Zwerg nahm ein Messer, wollte Loki Löcher in die Lippen stechen und ihm den Mund zunähen; so würde der Frevler verhungern und verdursten. Doch das Messer schnitt nicht; da sagte Brokk: »Hätte ich doch die Ahle meines Bruders.« Sofort war sie zur Stelle. Brokk durchbohrte damit Lokis Lippen und nähte sie zu.

Kurze Zeit schwieg das vorlaute Maul. Dann riß Loki, so sehr es auch schmerzte, die Naht auf und entkam.

Die Götter besahen die Stücke, die die Meisterschmiede für sie gemacht hatten, und ließen Loki laufen.

Frey ritt auf dem Eber Gullinborsti und überholte die schnellsten Pferde.

Odin warf den Speer Gungnir und sah, daß nichts ihn aufhielt.

Thor trug den Hammer Mjöllnir auch nachts an seiner Seite. Und er besaß ohnehin einen Kraftgürtel, der ihm Asenkraft wachsen ließ, und Eisenhandschuhe. Wenn Thor Gürtel und Handschuhe anlegte und Mjöllnir warf, fand er sich unbezwingbar.

Auch der mißtrauische Heimdall verzieh Loki den Streich mit Sifs Goldhaar. Später lobte Odin sogar Loki, weil er die besten Schmiede zum Wettstreit aufgereizt hatte.

7

Odin und der weise Riese Vafthrudnir wetten um ihren Kopf

Nach ihren Streitgesprächen im Rat saßen die Asen und Asinnen oft einträchtig bei Gelagen, der blinde und starke Höd meist neben dem hilfreichen Balder. Odin stieg einmal nach reichlich Wein auf Hlidskjalf, beobachtete Utgard und dachte an die Prophezeiung der Schicksalsfrauen. Und da von den Riesen Gefahr drohte, wollte er erkunden, ob einige tatsächlich so weise seien, wie behauptet. Er fragte Frigg, die ihm auf den Hochsitz gefolgt war. Doch die riet ihm ab, Vafthrudnir aufzusuchen, der als erfahrenster und weisester Riese galt.

»Ich kam viel herum, erforschte viel«, sagte Odin, »nun will ich genauer wissen, wie Vafthrudnirs Saal gebaut ist und welcher Wesensart die Riesen sind.«

»So zieh denn los«, erwiderte dann Frigg, »aber schärfe deine Sinne, wenn du vor diesen Riesen trittst, und kehre heil zurück.«

Odin wanderte durch Riesenheim und kam zur Halle Vafthrudnirs, grüßte ihn und sagte: »Ich bin neugierig, ob du so allwissend bist, wie von dir berichtet wird.«

»Wer bist du?« fragte Vafthrudnir. »Du verläßt nie mehr meine Halle, wenn du dich nicht als klüger erweist.«

»Gangrad heiß ich«, sagte Odin. »Ich bin weit gewandert, hungrig auf deine Weisheit und durstig nach deinem Wein.«

»Warum stehst du an der Tür? Gangrad, komm in die Halle, auf diesen Sitz. Wir werden unsere Klugheit messen.«

Odin trat in den Raum, nahm auf dem Sitz gegenüber Vafthrudnir Platz und wollte nach dem Wein auf dem gedeckten Tisch greifen, doch Vafthrudnir ließ ihm dazu keine Zeit und fragte sofort:

»Sag mir, Gangrad, wie heißt das Pferd, das immer den Tag über die Erdbewohner heraufzieht?«

»Es heißt Leuchtmähne und erhellt den ganzen Raum über den Welten. Die Götter gaben diesen Hengst dem Tag, um ihn über den Himmel zu fahren.«

»Und wie heißt der Hengst«, fragte Vafthrudnir weiter, »der von Osten die Nacht über Götter und Menschen heranschleppt?«

»Reifmähne heißt das Pferd«, erwiderte Odin, »Schaum tropft aus seinem Maul und betaut jeden Morgen die Erde.«

»Und woher kamen der Tag und die Nacht?« fragte Vafthrudnir.

»Der Riese Narfi hatte eine Tochter, die heißt Nacht. Sie ist von dunklen Schleiern umhüllt und schwarz wie ihre Vorfahren und heiratete als dritten Gemahl einen Asen, der Frühling heißt. Beider Sohn ist von väterlicher Herkunft blond und schön und heißt Tag.«

»Sage mir, Gangrad, wer lenkt Sonne und Mond, die über die Menschen dahinfahren?«

»Mundilfari ist ihr Vater, der hat einen Sohn und eine Tochter, die sind so leuchtend und schön, daß er den Sohn Mani, also Mond, und die Tochter Sol, also Sonne, nannte. Die Tochter wurde einem Manne vermählt, der Glanz heißt. Die Götter zürnten Mundilfari wegen der Anmaßung, solche Namen zu wählen. Und da auch die Kinder diese Namen nicht ablegen wollten, versetzten die Götter die beiden an den Himmel. Und die Asen lassen den Mond schmal werden wie eine Nadel und voll wie einen Apfel, auch als Zeitmaß. Sol lenkt nun den Wagen der Sonne, den Wagen ziehen die Pferde Frühwach und Allgeschwind. Die Götter setzten zwei Blasebälge unter die Schulterblätter der Pferde, um deren Gelenke beim raschen Lauf zu kühlen. Und der Sonnenschild Eisenkühle schützt die Erde vor der Hitze, sonst müßten selbst Berge und Meere verbrennen.«

»Sage mir, Gangrad, wie entstanden die Mondflecken?«

»Mani leitet den Gang des Mondes und holte von der Erde zwei Kinder, die läßt er nun hinter dem Mond gehen und mit einer Stange zwei Eimer auf den Achseln tragen – uns erscheint das wie Mondflecken.«

»Wie klug du bist, Gangrad!« rief Vafthrudnir. »Komm, setz dich zu mir auf die Bank. Wetten wir um unseren Kopf, wer der Weisere von uns beiden ist. Und nun frage du.«

Endlich konnte Odin zum Wein greifen, trank einen großen Becher, schärfte so seine Sinne und begann:

»Sage mir, Vafthrudnir, wie wurden die Sterne gemacht?«

»Große Funken, die sich von Muspellsheim losrissen, wurden von den Göttern gefangen, um Himmel und Erde zu beleuchten. Aber die Sterne wußten noch nicht, wo ihre Plätze waren. Die Sonne kannte ihre Stätten noch nicht. Und der Mond kannte seine Macht noch nicht. Da setzten die Götter einige Funken in die Urschlucht, befestigten sie dort, andere ließen sie lose unter dem Himmel entlangziehen, wiesen allen Sternen ihre Orte zu oder welche Bahn sie zu nehmen haben. Das taten die Götter auch, um Jahre und Tage zu zählen.«

»Woher kamen die ersten Menschen?«

»Eines Tages gingen Odin und seine Brüder am Meeresstrand, da fanden sie zwei Baumstämme. Da nahmen die Götter die Stämme und machten daraus Menschen. Odin gab ihnen Atem und Leben, der zweite Gott Verstand und Bewegung, der dritte Antlitz, Sprache, Gehör und Sehkraft. Die Götter gaben ihnen auch Kleider und Namen. Der Stamm, aus dem der Mann entstand, war eine Esche, die heißt Ask und danach der Mann. Und der Stamm, aus dem die Frau gemacht wurde, war eine Ulme, die heißt Embla und danach die Frau. Von Ask und Embla stammt das ganze Menschengeschlecht.«

Ehe Odin weiterfragen konnte, unterbrach Vafthrudnir ihn und wollte wissen, warum die Götter die Menschen in der fruchtbarsten mittleren Welt angesiedelt haben.

Weil die Menschen am besten Getreide anzubauen verstünden, erwiderte Odin, es mit Sorgfalt hegten und bei Ernten nichts vergeudeten.

Und warum hätten die Götter die Riesen in die kargen Randzonen abgedrängt? wollte Vafthrudnir wissen.

Weil die Riesen ihre eigenen Felder zertrampelten, sagte Odin in Gestalt Gangrads, weil sie brüllend ihre Ochsen umherjagten, junge Birken knickten und mit Felsbrocken Täler verstopften.

Die Götter begriffen die Riesen nicht, meinte der weise Vafthrudnir. Die Riesen gebärdeten sich wie übermütige Kinder, sie tobten ausgelassen über Wiesen und Felder, würfen mit Baumstämmen, sie liebten ihre Freiheit über alles. Die Bande, mit denen die Götter die Welten umschnürt hätten, schnitten die Riesen ins Fleisch ihrer Arme und Beine.

Odin lauschte diesen Sätzen einige Vogelschreie lang nach, trank dazu Wein. Dann wandte er sich wieder an den Riesen Vafthrudnir:

»Nun kommen die schwierigsten Fragen. Warum wird die Sonne verfolgt?«

»Die Sonne fährt schnell«, sagte der Riese, »weil sie befürchtet, von Unholden ergriffen zu werden. Der Wolf Sköll heißt Spott und verfolgt sie. Und der Wolf Hati heißt Haß und jagt den Mond. Erreichen die Untiere die Gestirne, kommt es zur Verfinsterung. Das bedeutet Gefahr. Und dereinst werden Sonne und Mond nicht mehr freikommen.«

»Sage mir, Vafthrudnir, woher stammen Sköll und Hati?«

»Beide sind Kinder eines Riesenweibes, das haust östlich von Midgard in einem uralten Wald, genannt Eisenwald. Dort gebiert die Unholdin Riesenkinder in Wolfsgestalt. Es heißt, der furchtbarste dieser Brut wird Mondhund genannt werden, weil er sich mit Fleisch toter Männer sättigt und den Mond verschlingen wird. Die Sonne wird erlöschen, und Himmel und Luft werden von Blut bespritzt sein.«

Warum die Wölfe das täten, fragte Odin Vafthrudnir weiter.

Weil die Götter durch Freveltaten so viel Schuld auf sich laden würden, meinte der weise Riese, daß sie nur durch ihr Blut abgewaschen werden könnte. Und die Schuld werde so groß, daß das Blut aller Götter nicht reichen werde.

»Sage mir, Vafthrudnir, woher hast du die Weisheit, daß du die Zukunft der Götter zu kennen vorgibst?«

»Ich verstehe alle Runen zu schneiden und kenne ihren Zauber«, erwiderte der Riese. »Ich kam durch alle Welten, sogar bis hinunter ins Reich der Toten. Kein Riese weiß wie ich vom Anfang aller Zeiten, wo Asgard und Midgard noch nicht gebaut waren.« Als die ersten Götter Ymir erschlugen und es eine große Flut gab, habe er als einer von Bergelmirs Hausleuten neben ihm in dessen ausgehöhltem Baumstamm gesessen und sei mit ihm entkommen.

»Du weißt fast alles, Vafthrudnir. Jetzt frage ich dich das Letzte: Was würde Odin seinem Sohn Balder ins Ohr flüstern, wenn er gefallen auf den Holzstoß gelegt werden müßte?«

Vafthrudnir griff nun selbst nach seinem Wein und trank, dann sagte er:
»Das weiß nur Odin selbst. Wer bist du? Du bist nicht Gangrad. Odin bist du. Was du deinem toten Sohn einst sagen wirst, weiß kein anderer.«

»Woher sollte ich wissen, daß mein Sohn Balder umkommt? Woher wolltest du solche Kenntnis haben? Ich fragte, um dich zu fangen.«

»Du bist doch der Weiseste von allen Weisen!« rief Vafthrudnir. »Mein Kopf ist verwettet.«

Weil Vafthrudnir so weise sei, sagte Odin, schenke er ihm seinen Kopf.

Die Riesen feierten Odins Großmut als Wohlwollen der Götter.

8

Der Krieg der zwei Göttergeschlechter

Als die Asen beim Mahl beieinander saßen, bekamen sie plötzlich Nachrichten über Totschläge und Morde unter den Menschen. Es war in jener Zeit, als Friedenskönige herrschten. Eine Frau namens Gullveig, die Goldgierige, verteilte in großer Zahl goldene Armringe und Spangen an die Menschen, die nur Eisen und schmale Fingerringe gekannt hatten. Der Besitz des schweren Goldes reizte zu Streit und Habgier. Einige Asen brachen auf, gingen nach Midgard und stellten Gullveig zur Rede. Die Frau sagte, sie sei eine Vanin und wolle die Menschen an ihrem Überfluß teilhaben lassen, sie sollten sich am Glanz des roten Metalls erfreuen.

Die Asen vertrieben Gullveig.

Die Vanen hatten ihren Wohlstand vermehrt, genossen ihn und verschenkten viel. Ihr Stammvater Njörd ist der Gott der Fruchtbarkeit und des Meeres, er wohnt in Noatum, was Schiffshof heißt, lenkt den Wind und stillt Sturm und Feuer. Die Menschen rufen Njörd auf See und beim Fischfang an, und er ist so reich, daß er jeden, der darum nachsucht, Land oder bewegliches Gut schenkt. Njörd hatte seine Schwester zur Frau, die gebar ihm Freyja und Frey. Bei den Asen ist die Geschwisterehe verboten.

Wie Njörd und andere Vanen freigebig Gut verteilten, so zog auch Gullveig wieder nach Midgard mit weit mehr Gold als zuvor. Es kam zu noch mehr Morden, zu Kämpfen zwischen Familien und Scharen Bewaffneter. Da ergriffen die Asen Gullveig und führten sie in Odins Halle. Aber statt sich falschen Tuns anzuklagen, schenkte Gullveig alles Gold, was sie noch bei sich trug, den Asinnen und Asen. Da wurde sie von den Asen mit Speeren durchbohrt. Doch die Verführerin trat wieder leibhaftig vor die Asen und versuchte deren Sinne durch Zauber zu blenden. Sie wurde dreimal verbrannt und stand dreimal aus den Flammen wieder auf. Den Asen und Menschen war nun die Gier nach Gold nicht mehr auszutreiben.

Odin riet dem Kriegsgott Tyr, von dem nun zu erzählen ist, zu Kampfspielen. Wenn Tyr sein Schwert mit der starken Rechten führte, widerstand ihm nichts. Er war auch Rechtsgott und hob seine Schwurhand bei feierlichen Eiden. Die Menschen riefen ihn an bei Zweikämpfen.

Da die Asen Gullveig zu töten versucht hatten, boten sie den Vanen eine hohe Buße. Aber den Vanen genügte das nicht, denn sie hielten sich für ebenso mächtig und weise wie die Asen, und sie verlangten die gleichen Rechte und die gleichen Opfer. Doch die Asen meinten, sie seien bedeutender und lenkten die Geschicke der Welten besser.

Daraufhin ging Odin zur Quelle des klugen Mimir bei der Weltenesche Yggdrasill und bat um einen Trunk. Mimir wollte Odin höchste Weisheit nur gewähren, wenn er ein Auge als Pfand in den Brunnen legte. Doch Einäugigkeit war Odin ein zu hoher Preis.

Balder riet auf der Versammlung der Asen bei der Weltenesche zur Versöhnung mit den Vanen. Auch der blinde Höd und die Asinnen sprachen dafür. Aber Odin warnte: Gestehe man den Vanen heute ein Recht zu, verlangten sie morgen ein weiteres; die Asen müßten ihre Rüstungen zeigen und mit ihren Waffen klirren.

Tyr, Heimdall, Thor und Loki sprachen für Odin und brachten die Mehrheit.

Da zogen die Vanen vor Asgard und machten ihren Anspruch geltend. Die Asen traten ihnen mit ihrer Streitmacht gegenüber. Jedes Heer zögerte mit dem Angriff. Dann warf Odin seinen Speer Gungnir über das Heer der Vanen, eröffnete den Kampf und lud eine schwere Schuld auf sich. Denn so kam der erste Krieg in die Welt. Vielleicht hielten sich die Asen mit Waffen wie dem Speer Gungnir und dem Hammer Mjöllnir für unbesiegbar.

Die Asen vertrieben die Vanen und verwüsteten deren Land. Aber die sonst friedfertigen Vanen rüsteten rasch und fielen in das Land der Asen ein. Einmal rückte das

Heer der Asen gegen Vanenheim, ein andermal das der Vanen gegen Asgard, bis die Vanen Asgard stürmten und dessen Burgwall aufbrachen – obwohl Thor seinen Hammer Mjöllnir warf, obwohl Odin Gungnir schleuderte, obwohl der Kriegsgott mit seiner starken Rechten das Schwert führte und für neun Männer kämpfte. Die Vanen griffen nämlich mit einem Zauber an, der bei den Asen unbekannt war.

Dann ließen die Vanen den Asen Zeit zum Rat über ihre Forderungen.

Asen und Vanen waren des Krieges überdrüssig, verabredeten sich zur Versöhnung und schlossen Frieden. Die Asen gestanden den Vanen die gleichen Rechte und Opfer zu. Um den Vergleich zu bekräftigen, tauschten sie Geiseln.

Die Asen stellten Hönir und sagten, er tauge zum Anführer. Er war ein großer und sehr schöner Mann; und mit ihm kam der weise Mimir als Geisel. Die Vanen machten Hönir sofort zu ihrem Anführer, und Mimir beriet ihn in allen Angelegenheiten. Kamen vor Hönir im Rat schwierige Fälle und Mimir war abwesend, antwortete der Befragte: andere mögen entscheiden. Als sich das öfter wiederholte, fühlten sich die Vanen beim Männertausch betrogen; sie faßten Mimir, schlugen ihm den Kopf ab und sandten ihn nach Asgard. Odin bewahrte ihn sorgfältig, betupfte ihn mit Wässern aus Kräutern, so daß er nicht faulte und die Lippen ihre Farbe behielten, strich Zauberrunen auf seine Stirn und besprach den Kopf. Das erhielt seine Weisheit, verlieh ihm Bestand und solche Macht, daß er Odin auf Fragen antwortete und Verborgenes enthüllte.

Die Vanen stellten ihre Besten als Geiseln, den Stammvater Njörd und seine Kinder Frey und Freyja. Njörd mußte seine Schwester in Vanenheim zurücklassen und in Asgard nach einer neuen Frau Ausschau halten. Davon wird noch zu erzählen sein. Frey, der bei den Asen oft zu Gast gewesen war, gelangte zu noch größerem Ansehen und zog mit seiner Frau Gerd nach Asgard.

Freyja lehrte nach ihrem Einzug in Asgard jenen Zauber, der bei den Vanen üblich ist. Sie ist die schönste Göttin, fährt einen mit Katzen bespannten Wagen und trägt Brisingamen, den kostbarsten Halsschmuck, den die Götter haben. Von allen Göttinnen steht Freyja den Menschen am nächsten. Vor allem Frauen und Mädchen rufen sie an, wenn es um Liebe geht. Mächtige Riesen begehren sie, was die Götter in gefährliche Kämpfe stürzte. Die Göttin der Liebenden fährt durch viele Länder und sucht ihren Mann Od, der auf einer langen Reise ist; deshalb wechselt sie ihren Namen und weint goldene Tränen um Od, den sie nicht findet.

Die Vanen wurden in die Gemeinschaft der Asen aufgenommen und seitdem auch Asen genannt.

Als Zeichen ihrer Versöhnung spuckten die Asen und Vanen in einen Kessel, mischten den Speichel und machten daraus einen Mann von großer Weisheit, den sie Kvasir nannten.

9

Odin raubt den Dichtermet

Da Kvasir so weise war wie die Asen und Vanen und er auf jede Frage eine Antwort wußte, sandten die Götter ihn aus, Menschen, Zwerge und Alben Eintracht zu lehren. Keiner war so gescheit, daß er ihm all sein Wissen abfragen konnte. Kvasir wurde in allen Welten geschätzt, sein Ansehen wuchs mehr und mehr. Auf seinen Fahrten kam der Arglose auch zu den Zwergen Fjalar und Galar. Die nahmen ihn beiseite und gaben vor, ihm ein Geheimnis zu verraten. Als Kvasir zu Fjalar den Kopf beugte, schlug Galar ihn ab. Und die beiden Zwerge leiteten Kvasiers Blut in einen Kessel und zwei Schüsseln. Fjalar und Galar gaben Honig in das Blut und brauten einen Met. Wer ihn trank, wurde Dichter oder Weiser.

Die Götter vermißten Kvasir, auf den sie große Hoffnungen gesetzt hatten, die Welten mit mehr Verstand zu lenken. Und die Zwerge berichteten den Göttern, Kvasir sei im Unmaß seiner Weisheit ertrunken. Aber Odin mißtraute den beiden Zwergen und sandte seine Raben Huginn und Muninn als Kundschafter.

Fjalar und Galar frohlockten über ihren Raub, den sie zunächst verschwiegen. Um sich zu brüsten, vertrauten sie den Besitz des Metes dann doch Freunden an. Bald glaubten die Zwerge sich wieder sicher und wagten eine neue Untat. Sie luden den Riesen Gilling mit seiner Frau zu sich und baten den Gast, mit ihm aufs Meer zu rudern. Als sie weit genug vom Ufer entfernt waren, steuerten die Zwerge auf ein Riff unter Wasser; das Boot kenterte. Fjalar und Galar hielten sich am Bootsrand fest und sahen zu, wie Gilling, der nicht schwimmen konnte, Wasser schluckte und ertrank. Dann richteten die Zwerge das Boot wieder auf, kicherten schadenfroh und ruderten an Land.

In ihrem Hause am Strand berichteten die Zwerge Gillings Frau, ihr Mann sei aus dem Boot gestürzt, aber ihn zu retten sei mißlungen. Fjalar fragte die Frau, ob es nicht ihre Tränen stille, wenn sie auf die Stelle des Meeres blicke, wo ihr Mann verunglückt sei. Inzwischen war Galar auf das Dach gestiegen und hielt mit beiden Händen über der Tür einen Mühlstein. Den ließ er fallen, als die Frau aus der Tür trat.

Andere Zwerge, die Fjalar und Galar den Met neideten, verrieten Suttung, Gillings Sohn, die Morde. Suttung brach das Haus der Übeltäter auf, ergriff sie, fuhr mit ihnen auf See in die Nähe der Stelle, wo sein Vater ertränkt worden war, und fesselte die Zwerge auf einer kleinen Felsenklippe, die nur bei Ebbe aus dem Meere ragte. Suttung hielt sich mit dem Boot in der Nähe der Schäre auf. Je höher die Flut stieg, desto lauter schrien die beiden Zwerge. Und als ihnen das Wasser bis zum Kinn reichte, boten sie als Buße für Suttungs Eltern den kostbaren Met und bekräftigten das durch Eide. Da löste Suttung die Bande, brachte die Zwerge in ihr Haus, nahm den Met an sich und ließ die Zwerge laufen. Der Riese Suttung trug den Kessel und die Schüsseln weg, verbarg sie tief im Schlagberg und setzte seine Tochter Gunnlöd als Wächterin ein.

Die Raben Huginn und Muninn brachten Odin Kunde vom Tod Kvasirs und dem Ort, wo der Met jetzt versteckt lag. Alle Asen waren sich im Rat einig, den Met zurückzuholen. Das gebot ihre Ehre; sonst würden die

Riesen Dichter und Weise. Und keiner als Odin wäre besser geeignet, den Met wiederzugewinnen.

Der Göttervater machte sich auf den Weg und kam an eine Wiese, die gehörte Suttungs Bruder Baugi. Hier mähten neun Knechte, und Odin fragte sie, ob er ihnen die Sensen wetzen solle. Da die Knechte verschnaufen wollten, zog Odin seinen Wetzstein aus dem Gürtel und schärfte rasch ihre Sensen. Die schnitten nun weit besser, und die Knechte wollten den Wetzstein erwerben. Odin forderte als Preis das, was ihnen der Wetzstein wert sei. Jeder Knecht bat um den Stein, da warf Odin ihn in die Luft. Jeder der neun Knechte suchte danach zu greifen, aber sie gerieten darüber in Streit und Handgemenge und schnitten sich mit den geschärften Sensen die Hälse durch.

Abends kehrte Odin bei Suttungs Bruder ein, nannte sich Bölverk und bat um Nachtquartier. Der Bruder gewährte es und klagte, seine untreuen Knechte hätten sich gestritten und einander umgebracht, und nun wisse er nicht, woher er neue gewinnen solle. Odin erbot sich, die Arbeit der neun Knechte zu leisten; und zur Belohnung verlangte er einen Schluck Met von Suttungs Bruder. Der lasse nur seine Tochter trinken, erwiderte der Riese, zeige ihm nicht einmal den Kessel, aber er werde ihn begleiten und für ihn einen Schluck erbitten.

Odin in Gestalt Bölverks leistete den Sommer über die Arbeit der neun Knechte und verlangte am Wintersanfang seinen Lohn. Der Riese fuhr mit Odin zu Suttung und erzählte von der Abmachung. Suttung zeigte den beiden zwar die Gefäße, doch berühren durften sie die nicht, und er schenkte auch keinen Tropfen Met aus.

Als Odin und Suttungs Bruder den Hof des Riesen

verlassen hatten und ein Stück gegangen waren, zog Odin den Bohrer Rati, gab ihn dem Riesen und veranlaßte ihn, in den Schlagberg zu bohren. Der Mund des Bohrers nagte den Fels an und fraß sich tiefer und tiefer.

»Der Berg ist durchbrochen!« rief Suttungs Bruder. Aber als Odin ins Bohrloch blies, flogen ihm die Späne ins Gesicht; er sah sich getäuscht und verlangte von dem Riesen, das Loch bis in die Höhle vorzubringen. Der Riese bohrte weiter. Und als Odin das zweite Mal hineinblies, stoben die Späne nach drinnen. Da verwandelte sich Odin in eine Schlange und kroch ins Bohrloch. Der Riese stach nach ihr und verfehlte sie, weil der verwandelte Odin ihn täuschte und geschickt auswich.

Die Schlange schlüpfte in die Höhle und verwandelte sich wieder in die Gestalt Bölverk; der drang bis dahin vor, wo die schöne Gunnlöd den Kessel und die zwei Schüsseln bewachte. Odin hielt absichtlich seinen Blick von den Gefäßen fern und widmete sich nur dem Mädchen; er weckte in der Schönen Liebe, verführte sie und schwur ihr Treue, was einem Eheversprechen gleichkam. Er lag ihr drei Nächte bei, dann gewährte sie ihm – vielleicht auch als Dank an seine Manneskraft – drei Züge von dem Met. Mit dem ersten trank Odin den Kessel leer, mit dem zweiten die erste Schüssel und mit dem dritten die zweite Schüssel. Dann lief Odin aus der Höhle, nahm Adlergestalt an und flog davon.

Gunnlöd sah sich betrogen, rannte schreiend vor den Höhleneingang, bis Suttung herbeieilte. Der Riese sah den dickbauchigen Adler davonfliegen, zog sein eigenes Adlerhemd an und verfolgte den Dieb seines Metes.

Die Asen sahen Odin schwer heranfliegen, stellten Schüsseln in den Hof von Asgard und holten ihre Waffen.

Suttung kam gegen Odin immer dichter auf und hätte ihn erreicht, wenn der Flüchtende nicht einen Teil des Metes nach hinten hätte fahren lassen. Diesen minderen Teil des Metes gibt man seitdem Dichterlingen und gelehrten Schwätzern. Aber fast allen Met spie Odin in die Schüsseln. Diesen Met gibt Odin den Asen und jenen Menschen, die Dichter und Gelehrte werden. Etwas von dem Met behielt wohl Odin selbst, sonst wäre er nicht der Vater der Dichtkunst und der weiseste Ase geworden.

Am folgenden Tag zogen Frostriesen, die Angehörigen des verschollenen Suttung, in die Halle Odins und fragten ihn, ob Bölverk in Asgard sei oder ob er sonst etwas über ihn wisse. Odin beschwor, weder Bölverk zu kennen noch zu wissen, wo er sich aufhalte. Die Frostriesen klagten, Bölverk habe Suttung durch Trug seines Metes beraubt und dessen Tochter Gunnlöd weine vor Schmerz.

Als die Riesen die Halle verlassen hatten, warf Thor Odin Täuschung und Meineid vor: diese Riesen seien gutartig und hätten Aufrichtigkeit verdient.

Alle Riesen seien böse, rief Odin.

So mache er den Göttern alle Riesen zu Feinden, widersprach Thor.

Die Götter betrügen den Baumeister

Nach den Untaten der Zwerge und dem Auftritt der Frostriesen gingen die Götter nicht mehr achtlos über die Trümmer ihres Burgwalles, der beim Sturm der Vanen gebrochen war. Balder sprach dafür, die Ruine abzutragen. Die anderen Asen verlangten einen Neubau, aber scheuten die Mühe. Von Gelagen waren die Götter müde und erschöpft. Auch der Kriegsgott Tyr hielt mit seiner kräftigen Rechten lieber das Trinkhorn.

Da kam ein Baumeister und bot an, in drei Halbjahren eine Burg zu bauen, für Bergriesen und Frostriesen, die über Midgard eindringen sollten, uneinnehmbar. Als Lohn forderte er Freyja und dazu Sonne und Mond.

Die Götter vermuteten, der Baumeister sei ein übergroßer Mensch, wiesen das Angebot zunächst brüsk zurück, aber gingen dann doch darauf ein: Der Baumeister solle das Gewünschte erhalten, wenn er die Burg in einem Winter baue; aber falls am ersten Sommertag ein Stein in der Mauer fehle, sei der Lohn verspielt, und beim Bau dürfe niemand helfen. Thor war zum Schutz von Midgard auf Ostfahrt gegen Trolle und an der Abmachung nicht beteiligt.

Der Baumeister nahm die Bedingungen an, verlangte jedoch von den Asen sein Pferd Svadilfari als Gehilfen. Die Asen vermuteten eine List und wollten kein Pferd zugestehen; aber da ein neuer Wall erforderlich war, fragte Odin Loki um Rat. Loki wollte für die Götter eine günstige Abmachung, nannte das Vorhaben des Baumeisters auch mit einem Pferd in dieser Zeit unausführbar und riet, das Tier zuzugestehen. Alle Asen, die am Rat teilnahmen, stimmten dafür, den Fremden unter diesen Bedingungen arbeiten zu lassen. Vielleicht hielten sich Asen und Vanen nach ihrer Versöhnung für so stark, daß ihnen nichts mehr mißlingen könne.

Am frühen Morgen des ersten Wintertages begann der Baumeister mit dem Wall, schleifte nachts mit Svadilfari gewaltige Steine herbei. Die Asen wunderten sich, wie ein Pferd derartige Felsbrocken ziehen konnte. Schnee und Eis waren Ansporn zu größerem Eifer; und je kälter der Winter wurde, desto mehr schien der Baumeister zu schaffen. Und so viel er selber schleppte, das Pferd übertraf ihn um das Doppelte. Der Fremde baute einen starken kreisartigen Wall und war sich seines Lohnes sicher, selbst wenn Thor zurückkehren würde, denn der Vertrag war durch Eide beschworen und durch Zeugen bekräftigt. Tyr hatte seine Rechte, die Schwurhand, gehoben.

Drei Tage vor Beginn des Sommers war der Ringwall fertig, bis auf die Lücke für das Tor. Da hielten die Götter Rat und stritten darüber, wie es zu dem Versprechen gekommen war, Freyja wegzugeben und Luft und Himmel zu verderben; denn ohne Sonne und Mond würde der Himmel dunkel und die Erde verlöre ihre Wärme. Die Götter fuhren hoch wie aus einem wirren Traum und gaben Loki die Schuld.

Auch Odin und Heimdall hätten im Rat für das Pferd gestimmt, rechtfertigte sich Loki und fühlte sich zu unrecht beschuldigt.

Aber Balder habe im Rat gefehlt, meinte Frigg.

Wer nichts entscheide und nichts tue, bleibe rein und edel, rief Loki aufgebracht. Sein Angriff gegen Balder reizte die Asen noch mehr.

Den Göttern blieb nur die Wahl, heilige Eide zu brechen oder die schönste Göttin und Sonne und Mond auszuliefern. Da beides ausgeschlossen schien, drohten die Götter Loki, ihn auf grausame Weise zu töten, falls er keinen Ausweg fände. Loki schwor vor Angst heilige Eide, daß der Baumeister um seinen Lohn kommen werde, was es auch kosten solle.

Als der Baumeister am Abend mit Svadilfari nach Quadern ausfuhr, da brach eine Stute aus dem Wald und lief dem Hengst wiehernd entgegen. Der Hengst witterte sie, hatte wegen der harten Arbeit lange keine Stute mehr unter sich gehabt, zerriß das Geschirr und ließ sich locken. Die Stute lief zum Wald, Svadilfari jagte sie, und der Baumeister rannte hinter seinem Hengst her. Svadilfari hetzte die Stute die ganze Nacht, aber ihm gelang nicht, die Fliehende einzuholen. Und dem Baumeister gelang nicht, seinen Hengst zu fangen. So wurde in dieser Nacht die Arbeit am Tor versäumt. Auch am Tage darauf geschah wenig.

Als der Baumeister sah, daß der Wall mit dem Tor nicht fertig würde, geriet er in so furchtbaren Zorn, wie er nur von Riesen bekannt ist. Die Götter erkannten in dem Baumeister einen Bergriesen, sahen sich getäuscht und vergaßen ihre Eide. Jemand rief Thors Namen. Inzwischen wütete der Baumeister und begann den Wall wieder einzureißen. Da war Thor zur Stelle, sah den Baumeister Felsbrocken nach den Göttern werfen, hob Mjöllnir und zahlte den Baulohn nicht mit Sonne und Mond, sondern mit einem kräftigen Hieb auf den Rieseschädel, daß der in kleine Stücke ging und der Bergriese in den Boden gerammt wurde bis hinab nach Niflheim.

Dann machte Thor den Asen Vorwürfe, denn er hatte von den Eiden nichts gewußt. Vielleicht war Odin heimlich froh, weil Thor jetzt auch Schuld auf sich geladen hatte.

Die Götter retteten Freyja und die großen Gestirne, der Himmel blieb hell und warm.

Aber die Götter brachen Verträge, Eide und Gesetze, die sie für heilig erklärt hatten.

Loki, der sich in eine Stute verwandelt und von dem Hengst Svadilfari hatte bespringen lassen, gebar bald ein Füllen, das war grau und hatte acht Beine. Als bestes Pferd der Götter und Menschen wurde es Odins Reittier und heißt Sleipnir. Die Asen schlossen den Burgwall und bauten ein starkes Tor ein; sie hatten dabei einige Male mehr Mühe mit dem Trinken als mit der Arbeit.

11

Der Zweikampf zwischen Thor und dem Riesen Hrungnir

Ehemals waren wenige Riesen den Göttern feind gewesen. Aus Zorn über den Tod ihres bedeutenden Baumeisters lösten nun viele Bergriesen Steinschläge aus und trampelten Felder der Menschen nieder.

Odin ritt deshalb zur Erkundung ins Riesenland und kam bis zum Hof von Hrungnir, dem größten und stärksten Riesen; der stand vor seinem Tor und fragte:

»Welcher Mann reitet da im Goldhelm über Luft und Meer?«

Odin gab keine Antwort, denn er meinte, der Riese würde ihn wohl erkannt haben.

»Du hast ein erstaunlich gutes Pferd«, sagte Hrungnir. Odin fühlte sich mit seinem neuen Pferd, dem achtbeinigen Sleipnir, allen anderen überlegen und erwiderte: »Ich wette um meinen Kopf, daß es in Riesenheim kein gleichschnelles gibt.«

»Dein Pferd ist schnell wie der Wind«, sagte Hrungnir, »aber meins Goldmähne macht weit größere Sprünge und überholt den Sturm.«

Statt einer Antwort sprang Odin auf Sleipnir und preschte davon. Und Hrungnir schwang sich wütend auf Goldmähne und setzte Odin nach, um ihm die Prahlerei auszutreiben. Aber Odin ritt so scharf, daß er immer zwei Bodenerhebungen voraus blieb. So sehr Hrungnir auch Goldmähne antrieb, es gelang ihm nicht, Odin auf Sleipnir einzuholen. Da wurde der Riese vor Zorn so blind, daß er Odin bis in den Hof von Asgard verfolgte.

Weil der Göttervater nach Asgard zurückritt, sprachen manche von Flucht, andere priesen das als List, den Feind in die Götterburg gelockt zu haben.

Da Hrungnir nun einmal in Asgard war, lud Odin ihn zum Gelage in seine Halle. Die Riesen sind größer von Wuchs als die Götter, und als ihr stärkster und längster Riese neben die Asen trat, überragte er sie bedrohlich. Man reichte ihm die Trinkschalen Thors, der gegen die Bergriesen gezogen war. Thor pflegt nicht wie ein Mann aus einer Schale, sondern das Maß mehrerer Männer zu trinken. Der Riese leerte jede Schale in einem Zug. Ihm wurde sogleich nachgeschenkt. Und da begann Hrungnir betrunken zu werden und die Götter zu reizen: Nur weil der Baumeister ein Riese gewesen sei, hätten sie den Eidbruch gewagt.

Eid sei Eid, beteuerte Balder.

Hrungnir trank sich weiter Mut an und rief: »Weil wir ungebunden sind, schimpft ihr Götter uns Riesen böse, und ihr preist euch als vollkommen, um über uns Riesen zu herrschen.«

Nur Freyja wagte noch, dem Riesen nachzuschenken, Hrungnir wurde noch trunkener und drohte den Göttern:

»Ich könnte ganz Walhall ausheben und nach Riesenheim schleppen. Wir könnten Asgard niederstampfen und alle Götter erschlagen, wie ihr den Baumeister. Nur Freyja und Sif nehme ich mit. Und jetzt saufe ich euch alles Bier weg!« schrie er. Und seine Stimme füllte noch ein Wolfsbrüllen lang die Halle.

Einige Asinnen fürchteten einen Angriff Hrungnirs. Und die Asen wollten seine Prahlerei nicht mehr dulden. Aber nicht einmal Odin wagte, den Trunkenbold vor die Tür zu weisen. Jemand rief Thors Namen. Und kurz darauf stürmte der Rotbärtige in die Halle, schwang seinen Hammer und fragte, wer Hrungnir erlaubt habe, hier beim Bier große Reden zu führen und warum Freyja ihm einschenke wie bei einem Festmahl der Asen.

Hrungnir sah Thor furchtlos an und erwiderte, Odin habe ihn in die Halle gebeten.

»Noch ehe du den Ausgang erreichst, wirst du die Einladung bereuen!« rief Thor und schwang Mjöllnir.

Hrungnir blieb wie ein Felsblock auf seinem Platz und sagte: »Tötest du einen Waffenlosen, gewinnst du wenig Ehre. Schlag dich mit mir an der Grenze nach Riesenheim, bei den Felsenhöfen, da zeigst du mehr Mut. Trüge ich meinen Schild und meinen Wetzstein bei mir, träte ich sofort zum Kampf an.«

Da der Riese seine feindlichen Absichten verraten

hatte, verlangten einige Asen von Thor, den Unhold auf der Stelle zu erschlagen. Aber der Sohn der Erde begegnete dem Riesen ehrenhaft. Und da noch nie jemand gewagt hatte, ihn zum Zweikampf zu fordern, wollte er den um jeden Preis annehmen.

Thor und Hrungnir vereinbarten den Holmgang bei den Felsenhöfen. Dann sprengte Hrungnir auf Goldmähne mit langen Sätzen davon.

Die Riesen rühmten Hrungnirs Ritt nach Asgard und seine Herausforderung an Thor; und sie wußten, dieser Zweikampf werde viel entscheiden. Hrungnir war ihr stärkster Mann und trug eine gefürchtete Waffe. Aber von Thor war mit Mjöllnir das Schlimmste zu befürchten.

Die Riesen bauten bei den Felsenhöfen einen Mann aus Lehm, der war neun Meilen hoch, unter den Armen drei Meilen breit, sah auf Berge herab und sollte Thor schrekken. Der Lehmriese hieß Mökkurkalfi, was Nebelwade bedeutet; und als die Riesen kein Herz fanden, das groß genug für ihn war, setzten sie ihm das einer starken Stute ein. Hrungnir hatte ein Herz aus sehr hartem Stein mit vorstehenden Hörnern, von feinem Stein war auch sein Kopf, sein Schild war ebenfalls von Stein und groß und dick. Hrungnir hielt, als er Thor erwartete, den Schild vor der Brust und auf seiner Schulter seinen Wetzstein als Waffe in Anschlag. Neben Hrungnir stand der Lehmriese und brüstete sich; doch als er Thor erblickte, soll er vor Angst Wasser gelassen haben.

Thor kam zum Holmgang mit seinem Diener Thjalfi, dem schnellsten Läufer in Midgard. Der rannte voraus und rief dem Bergriesen zu:

»Du hältst den Schild vor der Brust, aber Thor wird dich von unten angreifen!«

Hrungnir legte den Schild auf die Erde und stellte sich darauf. Oder will der Läufer mich täuschen? dachte der Riese und hob den Schild wieder vor die Brust. Bald wußte er nicht mehr, wie er sich am besten decken sollte, wechselte den Platz des Schildes und packte den Wetzstein, der alles zerschmetterte, mit beiden Händen, zum Wurf bereit.

Dann dröhnte der Himmel, und der Weg des Mondes bebte. Der hohe Raum, wo die Adler und Falken fliegen, lohte auf durch die Spur von Thors Wagen. Im Asenzorn trieb Thor seine beiden Böcke, daß Hagel niederpeitschte, Klippen barsten; und fast wäre die Erde zersprungen. Der Himmel flammte von Blitzen, Donnerschläge pochten und spalteten Felsen. Thor schwang Mjöllnir und warf ihn schon von weitem gegen Hrungnir.

Als Thor heranbrauste, hatte der Riese sich eben auf seinen Schild gestellt, packte mit beiden Händen den Wetzstein und schleuderte ihn gegen Thor. Der Hammer prallte im Fluge gegen den Wetzstein, zerschmetterte ihn; ein Brocken fiel zu Boden, daraus entstanden die Wetzsteinberge und Steinbrüche. Aber ein anderes Stück Wetzstein fuhr mit solcher Wucht in den Kopf Thors, daß es ihn zu Boden riß. Doch Mjöllnir blieb unversehrt, traf mitten auf Hrungnirs Kopf und zerschlug ihn in kleine Stücke. Der Riese fiel so über Thor, der inzwischen herangebraust war, daß ein Fuß des toten Hrungnir auf seinem Hals lag und ihn wie eine Klammer am Boden hielt.

Inzwischen kämpfte Thjalfi mit dem Lehmriesen. Nebelwade verteidigte sich schlotternd, sein Stutenherz zitterte. Thjalfi hieb einige Male auf ihn ein und ihm beide Arme ab, da fiel der riesige Kerl ruhmlos.

Dann trat Thjalfi zu Thor und versuchte, Hrungnirs Fuß von Thors Hals zu heben, doch ihm fehlte die Kraft für den Riesenfuß. Als die Asen von Thors Fall hörten, eilten sie herbei. Aber auch ihnen gelang es nicht, Thor zu befreien.

Da riefen die Asen nach Thors Sohn Magni, den hatte die Riesin Jarnsaxa erst vor drei Tagen geboren. Magni kam, warf Hrungnirs Fuß von Thors Hals und sagte: »Wie ärgerlich, Vater, daß ich so spät kam. Bei dem Zweikampf hätte ich Hrungnir mit bloßer Faust ins Totenreich gehauen.«

Thor stand auf, begrüßte seinen Sohn, sagte ihm eine bedeutende Zukunft voraus und schenkte ihm den Hengst Goldmähne.

»Warum bekommt nicht dein Vater das Pferd, sondern der Sohn einer Riesin?« fragte Odin ungehalten.

Dann fuhr Thor in seine Wohnstätte Kraftheim in Asgard. Von dem Stück Wetzstein, das noch in Thors Kopf steckte und schmerzte, hörte eine Seherin mit Namen Groa. Sie war die Frau eines mutigen Mannes, den die Riesen vor Monaten gefangen hatten. Die Seherin beugte sich über Thors Kopf und sang ihre Zauberlieder. Da begann sich der Steinsplitter zu lockern; Thor spürte, wie der Schmerz nachließ, aber er lohnte der Seherin die Linderung zu früh und erzählte ihr, wie er in Riesenheim ihren Mann befreit, wie er ihn in einem Korb verborgen und auf seinem Rücken aus Riesenheim getragen habe. Aber eine Zehe, die aus dem Geflecht ragte, sei erfroren, da habe er sie abgebrochen, an den Himmel geworfen und daraus ein Sternbild gemacht, das den Namen ihres Mannes trage.

»Dein Mann kehrt bald heim«, sagte Thor. Da wurde die Seherin froh und so aufgeregt, daß sie ihre anderen

Zauberlieder vergaß. Und das Stück Wetzstein blieb in Thors Kopf stecken. Seitdem wird gewarnt, einen Wetzstein über den Boden zu werfen, denn dann bewege sich der Splitter in Thors Kopf und bereite ihm Schmerzen.

Die Götter begriffen, wie gefährlich der Zweikampf für Thor gewesen war und wie wenig sie über ihre Zukunft wußten. Deshalb ging Odin wieder zum Brunnen bei der Weltenesche, den Mimir nicht mehr hütete, aber der noch seinen Namen trug. Diesmal war Odin ein Auge als Pfand nicht zu teuer, und er legte es für einen Trunk höchster Weisheit in die Quelle. Nun verstand der Göttervater die Prophezeiung besser, und was die Nornen mit den Ragnarök gemeint hatten: die Warnung vor dem Untergang der Götter und aller Welten, in einem letzten Kampf gegen die Weltfeinde.

Nach diesem Trunk aus dem Brunnen der Weisheit wurde Odin nie wieder ganz froh. Er traute auch seinem Wahlsohn Loki nicht mehr unbesehen.

12

Loki zeugt drei Weltfeinde

Manchen Asen war kaum noch die riesische Herkunft Lokis im Gedächtnis. Sein Vater hieß Gefährlicher Schläger, seine Mutter Die Laubreiche, ›von Blitzen leicht entzündbar‹. Und sein Bruder war Der im Sturmwind Blitzende. Loki ist auch Herr des Feuers. Und das verheert nicht nur, sondern wärmt, kocht Ochsen gar, erhellt dunkle Winternächte, brennt morsche Stämme nieder, macht Platz frei für neue Schößlinge und düngt sie mit Baumasche. Loki gleicht der flackernden Flamme, Bewegung ist ihr alles, sie frißt sich durch Festes, Beständiges.

Die Riesen verachten Loki wegen seines Übertretens zu den Göttern. Und manche Götter mißtrauen ihm nun wegen seiner Herkunft. Loki versuchte sich bei den Göttern durch Taten gegen die Riesen hervorzutun. Durch Klugheit und Geschicklichkeit hatte er die Asin Sigyn zur Frau gewonnen und mit ihr zwei Söhne.

Aber Loki sehnte sich manchmal nach Riesenheim, und so zeugte er in seiner früheren Heimat mit der Riesin Angrboda noch drei andere Kinder, die bei der Mutter aufgezogen wurden. Der erste dieser Söhne hatte die Gestalt eines Wolfes, der zweite die einer Schlange, und die Tochter blickte finster, war halb blau, halb fleischfarben und wurde Hel genannt. Die Götter erfuhren, wie schnell diese Geschwister in Riesenheim aufwuchsen und daß von ihnen Gefahr drohe: wegen des zwiespältigen Vaters und ihrer Mutter, die bereits vielen Kummer bereitet hatte.

Da sandte Odin einige Asen aus, die drei Kinder zu ergreifen und nach Asgard zu bringen. Die Götter beobachteten die Geschwister und vermochten nicht sofort zu entscheiden, ob sie nützlich oder gefährlich seien; und so fragten die Asen einander, warum ihr Gefährte Loki derartige Geschöpfe gezeugt hatte. Odin meinte: der Abenteurer Loki bedenke nie die Folgen seiner Taten, wie könne er da absehen, ob die Kinder Feinde würden. Heimdall vermutete hinter den scheinbaren Unholden Lokis böse Absicht.

Die Götter beobachteten diese drei Geschwister einige Zeit, fanden sie gefährlich und entschlossen sich im Rat, sie nicht unbehelligt zu lassen. Odin wollte die Schlange ertränken und warf sie in das tiefe Meer, welches das Land umgibt. Aber sie lebte weiter und wuchs derart, daß sie sich in der Mitte des Meeres ausbreitete, später um das ganze Land herumschlang und wie ein Band der Erde die Menschenwelt hielt, deshalb heißt sie Midgard- oder Weltschlange. Später gibt sie diese gute Absicht auf und wird zum Weltfeind und Gegner Thors.

Dann warf Odin die Hel hinab nach Niflheim und gab ihr Gewalt und Aufsicht über das Totenreich, seitdem ebenfalls Hel genannt. In das Totenreich kommen jene, die nicht im Kampf fallen, sondern auf dem Lande durch Alter und Krankheit sterben. Der Weg dahin führt nach Norden und abwärts bis zum Grenzfluß Gjöll, über den sich die Gjöllbrücke spannt. Die Hel besitzt große Wohnstätten, ihre Wälle sind so außerordentlich hoch wie ihre Zäune, und das Gittertor ist für Lebende kaum übersteigbar. Die Totenwelt ist kein Ort der Strafe, jedoch feucht und kalt, karg und beschwerlich. Die Schüsseln der Hel sind nur halb gefüllt, ihre Messer machen hungrig, ihr Knecht heißt Langsam, ihre Magd Schlafmütze. Bei der Schwelle liegt eine Fallgrube. Im Bett der Hel kann man krank werden; ihr Bettvorhang blinkt manchmal unheilvoll. Die Hel blickt mit gesenktem Kopf nieder und ist grimmig.

Den jungen Wolf, der Fensriswolf genannt wurde, sperrten die Asen in ein Gehege und wollten ihn erziehen. Bald wagte nur noch Tyr, der mutigste Gott, ihn zu füttern. Der Wolf wuchs von Tag zu Tag, wurde dreister und stierte unheilgierig. Die Götter hielten Rat, wie der drohenden Gefahr zu begegnen sei. Heimdall verlangte, den Wolf auf der Stelle zu erschlagen. Aber Balder hielt Asgard für zu heilig, um es mit Blut zu beflecken. Thor meinte, den Wolf zu töten sei nicht ehrenhaft und nähme ihm die Möglichkeit, sich zu bewähren. Und Odin war begierig zu erproben, was aus dem jungen Wolf würde, wollte ihn zum Kampf gegen die Riesen abrichten; er spürte wohl geheime Verwandtschaft mit dem Tier.

Während die Götter nachdachten und stritten, wuchs der Wolf unablässig weiter, wurde stärker und furchtbarer. Da blieb den Göttern nur die Wahl, eine Fessel zu machen, die sie Läding, Die mit List Bindende, nannten. Sie baten den Wolf, daran seine Kräfte zu erproben. Der hielt das Band für schwach und ließ sich fesseln. Und als er sich das erste Mal mit dem Fuß dagegenstemmte, brach es.

Danach machten die Götter eine zweite, doppelt starke Eisenfessel, die nannten sie Droma, Das Hemmende, zeigten sie dem Wolf und bedeuteten ihm, er werde durch seine Stärke berühmt, wenn er sie zerreiße. Zuerst scheute der Wolf, prüfte die Fessel und bedachte, daß seine Kräfte inzwischen gewachsen seien, und ohne

Gefahren zu bestehen, sei kein Ruhm zu gewinnen. Also ließ er sich die zweite Fessel anlegen. Danach schüttelte sich der Wolf, reckte und streckte sich, streifte die Fessel nach unten, trat heftig mit den Füßen dagegen, bis sie riß und die Stücke weit davonflogen. Jetzt glaubte sich der Wolf stärker denn je.

Nun erkannten die Götter in dem Wolf einen gefährlichen Feind und befürchteten, ihn nie mehr bändigen zu können. Und da sie keine härtere Kette zu schmieden vermochten, sandten sie Skirnir, den Gefährten Freys, nach Schwarzalfenheim und ließen sich von den Zwergen eine Fessel machen, die Gleipnir genannt wurde und aus Dingen bestand, die es nicht gibt: dem Lärm des Katzentrittes, dem Bart der Frau, den Wurzeln der Berge, dem Atem der Fische und der Spucke des Vogels. Und die Asen dankten Skirnir für die Besorgung.

Da sich Gleipnir glatt und weich wie Seidenband anfühlte, zweifelte Heimdall, ob es tatsächlich stark und sicher genug wäre, den Fenriswolf für immer zu binden. Doch Odin vertraute der Geschicklichkeit der Zwerge. Und die Asen ruderten auf die Heidekrautinsel und luden den Wolf zu dieser Fahrt ein. Dort zeigten sie ihm das Seidenband und meinten, es sei wohl etwas fester, als seine Dicke vermuten lasse, und reichten das Band herum und bemühten sich, es vor den Augen des Wolfes mit der Hand zu zerreißen. Als das mißlang, sagten die Asen zum Wolf: »Vielleicht bist du stärker und kannst Gleipnir sprengen.«

Der Wolf mißtraute dem weichen Band; für seine Festigkeit schien es ihm zu dünn, aber zugleich reizte es ihn, seine Kräfte zu zeigen, und er erwiderte: »Wenn ich einen so leichten Faden zerreiße, gewinne ich keinen

Ruhm. Aber beruht die Dünne des Fadens auf List und Betrug, bleibt er mir vor den Füßen.«

»Da du die großen Eisenfesseln brachst«, entgegneten die Asen, »wirst du erst recht das Seidenband zerreißen. Schaffst du das nicht, brauchen wir dich nicht zu fürchten und werden dich sogleich losbinden.«

Die Asen gaben dem Wolf Zeit zum Überlegen; dann sagte er: »Wenn ihr mich so bindet, daß ich mich nicht freitreten kann, werdet ihr spotten und die Fessel vielleicht nie lösen.« Er vermutete eine List und sträubte sich gegen Gleipnir.

Da wandten sich die Götter vom Wolf ab, begegneten ihm geringschätzig und nannten ihn feige.

Diesen Vorwurf vertrug der Ruhmsüchtige nicht und wollte sich nun mit Gleipnir binden lassen, falls ein Ase seine Hand als Pfand für Ehrlichkeit in seinen Rachen lege.

Die Asen sahen einander betreten an, jeder preßte seine Hände an den Körper oder hielt sie auf dem Rücken, auch Odin und Thor. Da trat Tyr neben den Wolf, der traute dem Herrn über die Gerechtigkeit ohnehin am meisten. Tyr schob dem Wolf die Linke in den Rachen, doch der Wolf verlangte die Rechte, die Schwurhand. Die würde sich der Rechtsgott der Asen nie abbeißen lassen, meinte der Wolf und ließ sich binden.

Je heftiger der Wolf dann gegen das Seidenband trat, desto mehr härtete es sich. Je wilder er sich drehte und wand und zu befreien suchte, desto schärfer schnürte das Band ihn ein. Da lachten alle, außer Tyr, denn ihm biß der Wolf die Hand ab.

Als der Wolf seine Fessel vor Zorn so hart getreten hatte, daß er nicht mehr freikam, heulte er furchtbar, weil er den Göttern getraut hatte und überlistet worden war. Die Asen banden den Fenriswolf dann an eine schwere Steinplatte, die sie tief in der Erde an einen Felsen verankerten. Der Wolf schnappte heftig, wollte die Asen beißen, brüllte und drohte, er werde einst Odin verschlingen. Da stieß Odin ihm ein Schwert in den Rachen, stach die Schwertspitze in den Oberkiefer und stemmte das Heft gegen den Boden des Maules. Mit dieser Gaumensperre heult der Wolf bis zu den Ragnarök.

13

Odin versammelt gefallene Krieger in Walhall

Da die Gefahr für die Welten wuchs, suchten Odin und andere Asen Walhall, die Halle der Gefallenen, öfter auf. Sie war mit Asgard erbaut worden und liegt in Odins Wohnstätte Freudeheim.

Die auf dem Schlachtfeld gefallenen Krieger durchwaten den Grenzstrom, treten rasch durch das Totentor, denn die Tür schlägt ihnen sonst auf die Fersen. Vor dem Tor wacht ein Wolf. Über ihm schwebt ein Adler. In der goldglänzenden Halle bilden Speere das Gerüst der Sparren, Schilde decken das Dach als Schindeln, Kettenpanzer liegen auf den Bänken. Der Glanz der Schwerter beleuchtet die riesige Halle. Aus jedem ihrer 540 Tore werden einst 800 Krieger ausrücken, so unermeßlich groß ist Walhall. Nicht nur ihr Inneres ist prächtig ausgeschmückt, vor der Halle steht ein Wald, dessen Bäume tragen Blätter aus Gold.

Odin empfängt von seinem Hochsitz aus die Gefallenen; die werden als Einherjer in der Halle bleiben, bis er mit ihnen einst zum Kampf gegen die Weltenfeinde ausziehen wird. Der Ase Bragi, ein Kämpfer und Gott der Dichtkunst, reicht ihnen in Odins Namen den Willkommenstrunk. Die Menge der Männer, die im Kampf gefallen sind, ist kaum zählbar. Aber es werden noch weit mehr nötig sein. Und so viele Einherjer auch hinzukommen werden, das Fleisch des Ebers Sährimnir wird reichen. Das stattliche Tier wird täglich geschlachtet, vom Koch im Kessel gesotten und steht abends wieder auf seinen vier Beinen und grunzt.

Was von seinem Fleisch auf den Tisch Odins kommt, füttert er seinen beiden Wölfen Geri und Freki, den Gierigen, die vor seinen Füßen sitzen und wachen. Vielleicht genügt ihm der Wein als einzige Speise nicht, und er verschlingt manchmal heimlich Fleisch. Vielleicht stärkt der Wein Odins Verstand und Phantasie, läßt ihn schärfer in die Zukunft sehen und treffendere Verse erfinden. Oder trübt der Rausch seinen Sinn? Die Raben Huginn und Muninn, die er im Morgengrauen zur Erkundung aussendet, kehren mittags zurück und flüstern Odin ins Ohr, wo Herrscher eine neue Schlacht ersinnen oder Riesen sich zusammenrotten. Odin fürchtet, Huginn könne einmal nicht zurückkehren, aber um Muninn sorgt er sich noch mehr. Andere Raben dienen Odin auf den Schlachtfeldern und heißen Leichenvögel, weil sie sich von Toten nähren. Deshalb wird Odin auch Rabengott genannt.

So unerschöpflich wie die Speise ist auch das Getränk

der Einherjer. Ihre Schmerzen und tödlichen Wunden werden mit bestem Met gelindert. Keine Unfreien und Knechte, nur freie Krieger fahren nach Walhall, und nur im Kampf Gefallene, keine Bett-Toten, wie sie verächtlich heißen. Mancher greise Kämpfer läßt sich vor seinem Tod mit dem Speer durchbohren, um der Schmach gemeinen Sterbens zu entgehen und doch noch Odin geweiht zu sein. Manchmal verleiht Odin an Vertraute seinen Speer Gungnir, auf dessen Spitze Runen eingeritzt sind.

Auf dem Dach von Walhall steht der Hirsch Eichdorn und knabbert an den Zweigen der Esche Yggdrasill. Von seinen Hörnern tropft es so stark, daß Wasser bis in den brausenden Kessel Hvergelmir hinabstürzt und daraus Flüsse entspringen wie Die Brüllende, Die heftig Brausende, Die von Speeren Sprudelnde, Die Menschenverschlingerin. Die Wasser einiger Flüsse fallen die Menschen an.

Auf dem Dach von Walhall steht auch die Himmelsziege Heidrun und beißt Zweige von der Weltenesche. Aus Heidruns Euter rinnt täglich ein großer Behälter voll Met; der reicht, um die Einherjer trunken und für den Kampf bereit zu machen. Die Einherjer ziehen jeden Morgen in Rüstung und mit ihren Waffen auf den weiten Hof hinaus, kämpfen gegeneinander und erschlagen sich. Zur ersten großen Hauptmahlzeit reiten sie heim an ihre gedeckten Tische, sitzen versöhnt nebeneinander, trinken und lärmen. So bereiten sie sich auf die letzte große Schlacht vor.

In Walhall dienen Odin und den Einherjern junge schöne Mädchen und Frauen. Die meisten waren ehemals Schildmädchen, menschliche Kriegerinnen, die

Scharen angeführt, Schiffe befehligt oder in der Reihe mitgekämpft hatten, in der Schlacht fielen und wie die Einherjer in Walhall einzogen. Sie reichen als Walküren Trinkhörner voll Met von Heidruns Euter, bringen Tischgerät und Fleisch vom Eber Sährimnir. Aber Odin sendet sie auch zu Schlachten aus; dort wählen sie Männer, die fallen oder siegen sollen. Die Walküren reiten auf ihren Pferden übers Meer oder durch die Luft, meist in Scharen zu drei, neun oder zwölf. Wie die Männer tragen sie Helm, Schild und Speer. Meist sind diese Frauen ungewöhnlich schön, treten den Todgeweihten vor Augen und sprechen sie an; dann reiten sie zurück nach Walhall, melden Odin den Vollzug seines Auftrages oder welches Schicksal sie selbst verhängten. Die berühmtesten Walküren waren Brynhild und Sigrun. Brynhild schenkte dem jungen König Agnar den Sieg, obwohl Odin bereits seinen Gegner zum Sieger bestimmt hatte. Odin strafte Brynhild für diesen Eigensinn, stach sie mit dem Schlafdorn und verbannte sie in eine von einer Waberlohe umgebene Burg. Andere Walküren heißen Speerschleuderin, Waffenklirrende, Hochragende, Schreierin, Schildspalterin. Auch Nornen ziehen als Walküren auf die Schlachtfelder.

Es heißt, Odin wählt nur die eine Hälfte der Gefallenen, die andere sucht Freyja von den Schlachtfeldern für Walhall.

Der besondere Freund Thors

Odin wird vor allem von den Königen, Jarlen, anderen mächtigen Männern und ihren Gefolgsleuten verehrt. Die Bauern, Schmiede, Händler und Seefahrer opfern am meisten Thor, denn er trägt keinen Speer und kein Schwert, sondern einen Hammer, er reitet nicht hoch zu Pferde, sondern schirrt seine Böcke an. Thor schürt nicht, wie es von Odin heißt, Streit zwischen Königen und treibt sie in Schlachten, er steht den Menschen bei auf Feldern, in Wäldern und auf See. Die Menschen nennen ihn ihren besten Freund; rufen sie ihn an, ist er zur Stelle.

Mit manchen Menschen, die ihm besonders vertrauen, hält Thor enge Freundschaft.

Hrolf war der angesehenste Mann auf der Insel Mostr in Norwegen, er war groß und kräftig und hatte einen mächtigen Bart. Hrolf verwaltete auf der Insel einen Thor geweihten Tempel, galt als besonderer Freund dieses Gottes und wurde deshalb Thorolf genannt.

In der Zeit, als König Harald Schönhaar Norwegen mit Gewalt einte, wollten sich ihm mächtige Männer nicht unterwerfen und wanderten nach Island aus. Unter ihnen war ein guter Freund Thorolfs, dem er ein starkes Langschiff mit Bemannung gab, um Verwandte zu besuchen. Der König erfuhr davon und ließ Thorolf durch Boten mitteilen, er solle geächtet sein wie sein Freund oder sich zum König und in dessen Entscheidungsgewalt begeben.

Thorolf richtete in seinem Tempel ein großes Opferfest und befragte seinen vertrauten Freund Thor durch Wurf der Losstäbe, ob er sich mit dem König versöhnen oder das Land verlassen solle. Thor riet ihm, nach Island zu fahren. Es gab dort gutes Land zur Besiedlung, so berichteten Seefahrer.

Thorolf verschaffte sich ein großes Seeschiff und fuhr mit seinen Hausleuten, Gerät und Vieh auf die große Insel. Viele Freunde begleiteten ihn. Thorolf hatte auch den Tempel abgebrochen und fast alles Bauholz mitgenommen, auch die Erde unter dem Sockel, auf dem die Thorsäule gestanden hatte.

Thorolf bekam günstigen Wind, erreichte bald Island und fuhr an der Südküste westlich. Vor den großen Fjorden, die tief ins Land einschnitten, flaute der Wind ab. Thorolf warf die Hochsitzpfeiler, die im Tempel gestanden hatten, über Bord; in einem war Thors Bildnis eingeschnitten. Der Verehrer Thors wollte sich – wie viele seiner Landsleute – an der Stelle ansiedeln, wo sein Freund die Pfeiler an Land spülen lasse. Thor entfachte eine Brise. Und die Pfeiler trieben unerwartet rasch zu dem westwärts gelegenen Fjord. Die Bootsleute segelten in den Fjord hinein. Da er sehr breit und sehr lang war, nannte Thorolf ihn Breidafjord. Diesen Namen trägt er noch heute. Thorolf landete auf der Südseite, in der Mitte des Fjordes, und zog das Schiff in einer Bucht ans Ufer, die sie später Tempelbucht nannten. Der Auswanderer erkundete mit seinen Leuten die Umgebung und fand die Pfeiler mit dem Thorsbild an einer Landspitze angekommen, die sie dann Thorsnes, Thors Landspitze, nannten. Sie umgingen das von ihnen in Besitz genommene Land mit Feuer bis zu einem Fluß, den sie Thorsa nannten, und siedelten sich dort an.

Thorolf erbaute ein großes Gehöft und zu Ehren Thors einen stattlichen Tempel, unterhielt ihn und richtete dort die Opferfeste aus, war also Tempelgode.

Der Tempel wurde eine Stätte des Friedens. An der Längswand hinter der Tür standen die Hochsitzpfeiler. Weiter von der Tür entfernt lag ein Raum ähnlich dem Chor heutiger Kirchen, in dem stand auf einem altarartigen Platz ein Kessel für das Blut der Tiere, die für Thor geopfert wurden. Die Feiernden saßen sich auf Bänken gegenüber und wurden mit einem Wedel mit Opferblut besprengt. Und in dem altarartigen Aufbau lag ein offener Ring, zwanzig Öre schwer, auf den wurden alle Eide abgelegt. Thorolf als Tempelgode trug ihn am Arm bei Zusammenkünften. Um den Opferkessel standen im Halbrund die Bildnisse Thors und anderer Götter. Alle Anwohner hatten die Pflicht, für den Tempel eine Abgabe zu entrichten und den Tempelgoden Thorolf auf seinen Unternehmungen zu begleiten.

An der Spitze der Landzunge, wo das Bild Thors an Land gespült worden war, ließ Thorolf alle Gerichtsverhandlungen abhalten und setzte ein Bezirksthing ein. Thorolf erklärte die Stätte für so heilig, daß niemand dort Blut vergießen, seine Notdurft verrichten oder sie anders verunreinigen durfte. Für die Notdurft wurde eine Klippe benutzt, die Kotschäre hieß.

Dem Berg auf der Landzunge brachte Thorolf solche Verehrung entgegen, daß ihn keiner ungewaschen ansehen durfte. Diese felsige Erhebung nannte Thorolf Helgafjell, das bedeutet Heiliger Berg, und glaubte, er und seine Verwandten würden beim Tode dort hineinfahren.

Thorolf lebte großzügig und in Wohlstand. Damals waren Nahrungsmittel aus der See und von den Inseln reichlich zu beschaffen. Thorolf verheiratete sich noch, und seine Frau Unn bekam einen Sohn, der Stein hieß. Den weihte Thorolf seinem Freund Thor und nannte ihn Thorstein. Menschen und Dinge wurden nach Thor benannt, nicht nur der Verehrung wegen, auch um Eigenschaften des Gottes an sie zu binden.

Nach seinem Tod wurde Thorolf in einem Hügel bestattet. Sein Sohn Thorstein trat sein Erbe an und nahm eine Frau, die Thora hieß.

Ein Nachkomme jenes Freundes, dem Thorolf beigestanden hatte, lebte in der Nachbarschaft mit zahlreicher Familie. Aber diese Leute waren sehr hochmütig und wollten beim Thing ihre Notdurft wie andernorts im Grase verrichten. Warum sollte diese Landspitze Thorsnes heiliger sein als anderes Land? meinten sie und wollten auf dem Weg zur Kotschäre nicht länger ihre Schuhe abnutzen. Thorstein warnte die Nachbarn mehrfach. Als sie wieder ins Gras der Thor geweihten Stätte ihr Wasser abschlugen, griff Thorstein die Nachbarn mit seinen Thingleuten an; denn er wollte das Stück Land nicht besudeln lassen. Es kam zum Kampf. Auf beiden Seiten fielen Männer. Einige Anhänger beider Parteien fanden das nicht im Sinne Thors. Da hörten sie fernen Donner. Nun gelang herbeigeeilten Anwohnern, die Parteien sofort zu trennen. Der heilige Thingplatz war blutgetränkt.

Beide Parteien standen sich mit vielen Bewaffneten gegenüber. Thord, der bedeutendste Mann am Breidafjord, sollte durch einen Vergleich schlichten und entschied im Sinne Thors.

Die Nachbarn machten zur Bedingung, wegen einer Notdurft nie wieder auf eine Schäre waten zu müssen.

Und Thorstein verlangte, daß keiner die Landspitze Thorsnes besudelte. In seinem Spruch nannte Thord diese Landspitze befleckt und entweiht, sie sei nun nicht heiliger als andere. Und die Thingstätte wurde weiter östlich verlegt. Und beide Parteien wurden verpflichtet, den Tempel für Thor gemeinsam zu unterhalten.

15

Die Göttin der ewigen Jugend wird geraubt

Die klügsten Riesen wie der weise Vafthrudnir und der Meeresriese Ägir, der seit Urzeiten mit den Göttern befreundet war und sie zu Gelagen lud, wollten Frieden mit den Göttern. Ägirs Frau ist die Meeresgöttin Ran. Sie besitzt ein Netz, mit dem fischt sie die Ertrunkenen aus dem Wasser und holt sie ins Totenreich im Meer. Ägir und Ran haben neun Kinder, das sind die Meereswellen.

Eines Tages machte sich Ägir, der auf der Insel Hlesey wohnt, auf die Reise nach Asgard, um einen Besuch zu erwidern. Die Asen sahen seine Fahrt voraus, trafen Vorbereitungen und empfingen ihn gastfreundlich. Und sie blendeten seine Sinne. Am Abend, als das Trinkgelage beginnen sollte, ließ Odin Schwerter in die Halle tragen; die waren blank und glänzten so, daß sie den Saal erhellten und während des Festes keine andere Beleuchtung nötig war. Ägir fand die Halle herrlich ausgestattet. Die Wände hingen voll prächtiger Schilde.

Ihr Glanz fiel auf die Asen. Auf ihren Hochsitzen saßen zunächst Odin neben seiner Frau Frigg, dann Thor, Njörd, Frey, Heimdall, der einhändige Tyr und Loki. Auch Balder und seine Frau Nanna, die ihren Mann sehr liebte, gehörten zu den Gastgebern. Neben dem langbärtigen Bragi saß Idun, seine schöne junge Frau. Sie reicht täglich die goldschimmernden Äpfel, die halten die Asen jung für ihre schwere Pflicht, die Geschicke der Welten zu lenken.

Bragi begrüßte Ägir, gab ihm den Willkommenstrunk und bot ihm Platz neben sich. Ägir fragte ihn nach Taten seines riesischen Verwandten Loki, der seiner Herkunft und leichtsinniger Streiche wegen immer wieder Vorwürfen der Asen ausgesetzt war. Bragi zeigte sich wie in Walhall redegewandt – auf seiner Zunge sind Runen eingeritzt – und erzählte, was den Asen widerfahren war:

Vor einiger Zeit brachen drei Asen von zu Hause auf, stiegen über Berge, öde Hochflächen, wo keine Hütten standen. Odin, Hönir und Loki zehrten ihre Vorräte zu rasch auf. Da sahen sie in einem Tal eine Herde Ochsen. Die Asen fingen einen, schlachteten ihn, entzündeten Feuer, erhitzten Steine, legten das Fleisch dazwischen und deckten es ab, damit es gar werde. Als sie es für weich hielten und nachsahen, war es noch fast roh. Ihr Appetit wuchs. Aber auch beim zweiten Verkosten nach längerer Zeit erwies das Fleisch sich als hart und zäh. Die Asen fragten einander, wie das geschehen konnte. Da hörten sie in der mächtigen Eiche über sich jemanden sprechen. »Ich«, sagte die Stimme, »habe veranlaßt, daß das Fleisch nicht gar wird.« Die Asen blickten hinauf und sahen einen ziemlich großen Adler, der seine Worte wie dürre Zweige auf sie herabfallen ließ: »Gebt mir von eurer Mahlzeit ein Stück ab, dann soll euer Fleisch bald zu genießen sein.«

Die Asen waren hungrig und stimmten dem Wunsch des Adlers zu. Da flog er über die Kochstelle – der Himmel über den Göttern verdunkelte sich –, packte zuerst die beiden Keulen des Ochsen und dann beide Schulterstücke.

Loki geriet in Zorn, und um sich den Asen nützlich zu machen, ergriff er eine Stange, wollte den Adler erschlagen und traf ihn zwischen den Flügeln. Der Riesenvogel hob ab, die Stange hing an seinem Rücken fest, und Lokis Hände klebten an ihr.

Der Adler flatterte so dicht über dem Boden, daß Lokis Füße über Geröll schleiften, gegen Steine und Baumstümpfe schlugen. Ihm war, als würden ihm die Arme aus den Achseln gerissen. Loki schrie und bat um eine friedliche Übereinkunft, aber der Adler erwiderte, Loki würde nie freikommen, wenn er sich nicht verpflichte, Idun mit ihren Äpfeln aus Asgard herauszulokken. Loki weigerte sich, die Asen zu hintergehen. Da zerrte der Adler ihn so lange über Stock und Stein, bis Lokis Blut die Erde rötete und er um sein Leben fürchten mußte – zähneknirschend schwor er die Eide. Er kam los und ging zu seinen Gefährten.

Zur vereinbarten Zeit lockte Loki Idun unter dem Vorwand in einen Wald, er habe dort kostbare Äpfel entdeckt. Und er bat die Asin, ihre mitzunehmen und mit den fremden zu vergleichen. Als Idun unter dem Apfelbaum stand, flog der Riese Thjazi in Adlergestalt heran, packte sie mit ihren Äpfeln und entführte sie auf seinen Hof Thrymheim, was Lärmheim heißt.

Thjazi gehörte zu den bedeutendsten und mächtigsten

Riesen. Schon sein Vater war sehr reich gewesen. Nach dessen Tode teilten seine Söhne das Erbe und maßen das Gold, indem jeder der Reihe nach einen Mundvoll nahm.

Als die Äpfel der Verjüngung ausblieben, alterten die Götter, wurden rasch grau, warfen den Speer nur halb so weit. Die Göttinnen klagten über die schwindende Manneskraft ihrer Männer und drängten im Rat fast energischer als die Götter, Idun mit ihren Äpfeln unverzüglich zurückzuholen. Die Götter fragten einander, wer Idun zuletzt gesehen habe. Loki hatte mit ihr Asgard verlassen. Da wurde er ergriffen und mit Folter und Tod bedroht. Und da schwor er, nach Riesenheim zu fliegen und Idun zu suchen, wenn Freyja ihm ihr Falkengewand leihe.

Loki zog es rasch über und flog nach Norden ins Land der Riesen.

Er kam zum Hof des Riesen Thjazi, umflatterte die Gebäude einige Zeit. Thjazi war aufs Meer hinausgerudert und hatte Idun allein in seinem Haus zurückgelassen. Loki landete, gab sich zu erkennen, verwandelte Idun in eine Nuß, nahm sie mit ihren Äpfeln, die sie immer bei sich trug, zwischen seine Klauen und flog so schnell er vermochte nach Asgard.

Thjazi hatte vom Boot aus den großen Falken fliegen sehen und ruderte rasch nach Hause. Er vermißte Idun; da verständigte er seine Tochter Skadi, nahm sein Adlerhemd und verfolgte Loki, so schnell Adler fliegen können. Der Vorsprung des Falken war groß, aber der Adler flog schnell und drohte den Falken zu erreichen.

Die Asen beobachteten die Jagd und schleppten einen Haufen Hobelspäne vor Asgard. Die Götter sahen den Falken mit der Nuß heranfliegen; der Adler würde ihn gleich packen. Mit Mühe gelangte der Verfolgte über den Wall der Asenburg, landete hinter der Mauer und verwandelte sich wieder in Loki und die Nuß in Idun. Inzwischen hatten die Asen die Späne entzündet, Wind entfacht – im Nu loderten die Flammen höher als die Asenburg. Als der Adler den Falken aus den Augen verlor, gelang es ihm nicht schnell genug zu bremsen – er geriet in den Feuerwall. Die Flammen erfaßten sein Gefieder, er stürzte ab. Die Asen packten ihn. Thor hob seinen Hammer und wollte Thjazi erschlagen; da kam Loki ihm zuvor, tötete den Riesen mit einer Stange und rächte sich so an ihm.

Der Rechtsgott Tyr stand abseits, und da ihm seine Schwurhand abgebissen war, konnte sie kein Schwert mehr führen.

16

Die Riesin Skadi wählt den Gott Njörd

Da der Riese Thjazi keine Söhne hatte, nahm dessen Tochter Skadi Helm, Brünne und ihre Waffen und zog nach Asgard. Heimdall wachte wie stets bei der Asenbrücke und hob sein Schwert, um die Aufgebrachte vom Kampf abzuhalten. Obwohl Skadi wußte, wie wenig sie gegen die gutgerüsteten Asen auszurichten vermochte, drohte sie mit ihrem Speer, denn sie hatte in ihrem Riesenzorn die Kraft von acht Männern. Die Asen begegneten ihrer furchtlosen Art mit Respekt und suchten die entschlossene Schöne zu besänftigen. Odin hielt es für ehrlos, ein Riesenmädchen zu erschlagen, das ihren Vater rächen wollte. Balder bat Skadi um einen Vergleich und Frieden. Und Skadi fand an dem schönen Balder Gefallen.

Die Asen boten Skadi einen großzügigen Vergleich: sie durfte sich unter den Asen einen Mann wählen; und die Asen sahen darin eine große Tat, Götter und Riesen zu versöhnen. Allerdings zeigte man Skadi nur die Füße der Götter, ihre Körper blieben verhüllt. Skadi ging darauf ein, wies auf die Füße eines Mannes und rief: »Diesen wähle ich. Balder ist vollkommen!« Die Männer warfen ihre Umhänge ab, da sah Skadi ihren Irrtum: diese Füße gehörten nicht dem jugendschönen Balder, sondern dem alten Njörd. Aber vielleicht war Skadi doch ein alter Gott lieber als ein junger kräftiger Riese; jedenfalls nahm sie, wie vereinbart, den Gewählten zum Mann.

Zum Vergleich gehörte die scheinbar unerfüllbare Bedingung: die Asen sollten die Vaterlose in ihrem Riesenschmerz über Thjazis Tod zum Lachen bringen. Loki verfiel darauf, das eine Ende eines Strickes einer Ziege um den Bart, das andere Ende an seinen Hodensack zu binden. Loki und die Ziege zogen sich gegenseitig hin und her. Mal zerrte er, mal sie. Und beide schrien fürchterlich, vor Schmerz und Vergnügen. Plötzlich ließ Loki sich in Skadis Schoß fallen, und da lachte Skadi. So versöhnte sich Skadi mit den Asen. Weiter wird berichtet, Odin habe als dritte Buße Thjazis Augen an den Himmel geworfen und daraus zwei Sterne gemacht.

Skadi und Njörd waren nun Mann und Frau. Skadi wollte in Thrymheim wohnen, in den rauhen Bergen, wo sie bei ihrem Vater aufgewachsen war. Njörd wollte als Gott des Meeres und der Seefahrt in seiner Wohnstätte Schiffshof bleiben. Die Eheleute vereinbarten, jeweils neun Tage in den Bergen von Thrymheim und neun Tage an der See in Noatum zu leben. Aber Njörd fühlte sich zwischen den Bergen eingesperrt, stieß sich an den Felsen und sehnte sich nach dem offenen Meer, er fand den Gesang der Schwäne schöner als das Wutgeheul der Wölfe in Wäldern und Schluchten. Und Skadi klagte, wenn sie in Noatum weilte: sie könne kaum schlafen vom Kreischen der Vögel und dem Lärm der Brandung. Jeden Morgen komme die Möwe vom Meer und wecke sie. Skadi sehnte sich nach den schneebedeckten Hängen und dem Gebrüll der Bären in Felsschluchten.

Skadi fand kein Glück am Meer und Njörd kein Glück in den Bergen. Beide trennten sich wieder. Njörd bleibt in Noatum, wo er immer gelebt hatte. Und Skadi fährt in den Bergen Ski und erlegt mit Pfeil und Bogen Wild. Die Menschen verehren sie als Göttin der Jagd und des Skilaufens. Odin soll mit ihr Söhne gezeugt haben, die wurden in Midgard mächtige Herrscher.

17

Odins Pflegesohn König Geirrod

Odin und Frigg nahmen Pflegesöhne an oder ließen sie aufziehen, damit mehr Männer ihres Sinnes in der Menschenwelt herrschten und sie besser gegen Feinde schützen konnten.

Odin und Frigg saßen auf Hlidskjalf und gerieten in Streit, wer den Pflegesohn, den jeder von den Menschen angenommen, am besten erzogen hatte.

Frigg hatte Agnarr als Pflegesohn aufziehen lassen. Und Odin deutete von Hlidskjalf in die Richtung einer dunklen Höhle und sagte: »Siehst du, wie dein Pflegesohn in dieser Grotte haust und mit einer tapsigen Riesin Kinder zeugt.« Odin und Frigg sahen von Hlidskjalf aus zu und fanden es abstoßend.

Triumphierend sagte Odin: »Aber siehst du dort das große Land, da regiert mein Pflegesohn Geirrod als König.«

»Aber durch welche Widerwärtigkeit machtest du ihn zum König?« sagte Frigg.

»Und wer hatte den Einfall«, entgegnete Odin, »König Hraudung zwei Söhne wegzunehmen und zu wetten, wer von uns beiden seinen Pflegling zum Tüchtigsten erzieht?«

König Hraudung hatte zwei Söhne gehabt, der eine hieß Agnarr und war zehn Jahre alt, der andere Geirrod und war acht Jahre alt. Beide waren unzertrennlich gewesen, spielten, jagten und fischten gemeinsam. Einmal waren sie wieder mit einem Boot aufs Meer gefahren, um Kleinfische zu fangen. Während der eine Bruder ruderte, saß der andere hinten im Boot und schwenkte die Angel hin und her. Es bissen so viele Fische an, daß die Brüder darüber den starken Wind übersahen, der aufkam und sie aufs Meer hinaustrieb.

In der stockdunklen Nacht gerieten die Brüder in fremde Gewässer und strandeten an einer Klippe. Agnarr und Geirrod retteten sich an Land, irrten an der unbekannten Küste umher und kamen an eine Hütte. Ein Bauer und seine Frau nahmen sie auf. Und die Brüder blieben bei ihnen den Winter über. Die Frau kümmerte sich auf Geheiß Friggs um Agnarr und erzog ihn ehrenhaft, während der Bauer Geirrod im Sinne Odins List und Verschlagenheit lehrte. Nach anderen Berichten sollen die Frau Frigg und der Bauer Odin selbst gewesen sein.

Im Frühjahr wollten die Brüder nach Hause zurückkehren. Der Bauer beschaffte ihnen ein Schiff, das Odin geschenkt hatte; und das Ehepaar begleitete die Brüder zum Strand. Auf dem Wege flüsterte der Bauer seinem Pflegling Geirrod etwas ins Ohr.

Die Brüder stießen mit dem Boot vom Ufer ab und bekamen sofort günstigen Fahrtwind, segelten rasch über das Meer und gelangten zum Anlegeplatz beim Hofe ihres Vaters. Geirrod stand vorn im Boot, sprang sofort an Land, stieß das Boot ins Meer zurück und rief: »Fahr zu den Trollen!« Und so sehr Agnarr aufs Land zuruderte, das Boot trieb rasch aufs Meer zu den Inseln, wo die Trolle hausten. Von dort gelang ihm keine Rückkehr.

Geirrod ging zu seinem elterlichen Hof, wurde von der Gefolgschaft mit Jubel begrüßt und erfuhr vom Tod seines Vaters. Und da der älteste Sohn Agnarr, dem zuerst das Erbe zugefallen wäre, als verschollen und damit als tot galt, wurde Geirrod König. Er wurde mächtig und berühmt.

Frigg sah von Hlidskjalf, wie Geirrod in seiner prunkvollen Halle zechte und sich von seinem Gefolge ehren ließ. Und sie blickte angewidert von der Höhle weg, wo ihr Pflegesohn sich mit pfeifendem Atem mühte, einem häßlichen Trollweib ein Kind zu machen.

»Dein Pflegesohn Geirrod geizt so mit dem Essen«, stichelte Frigg Odin, »daß er seine Gäste, kommen ihrer zu viele, hungern und dursten läßt.«

»Das ist die größte Lüge«, verteidigte Odin seinen Pflegesohn.

Da wetteten Frigg und Odin um die Freigebigkeit Geirrods.

Odin beschloß, seinen Pflegesohn selbst zu prüfen.

Frigg aber sandte ihr Kammermädchen Fulla zu Geirrod und ließ ihn vor einem zauberkundigen Mann warnen, der sein Land heimsuche. Man erkenne den Fremden daran, daß auch der bissigste Hund ihn nicht anspringe.

Geirrod ließ jenen Mann aufspüren und freundlich in seine Halle laden. Dieser Mann nannte sich Grimnir, was Der Maskierte heißt, und trug einen weiten blauen Mantel. So sehr der König den Fremden mit Speisen lockte und durch Fragen peinigte, er verriet weder, woher er komme, noch, was er vorhatte. Entgegen allen Warnungen ließ der König den Fremden in seine Halle zwischen zwei Feuer setzen und so acht Tage foltern. Speisen und Getränke wurden ihm nur gezeigt.

König Geirrod hatte einen Sohn, der war nach dem angeblichen Tod seines Onkels Agnarr geboren, galt als dessen Wiedergeburt, hieß auch Agnarr und war inzwischen ebenfalls zehn Jahre alt.

Dieser Agnarr trat zu Grimnir, den Durst quälte, und sagte, sein Vater Geirrod handle schlecht, wenn er ihn schuldlos peinige. Agnarr reichte dem Mann zwischen den Feuern ein Trinkhorn voll Bier.

Grimnir leerte das Horn in einem Zug so rasch, daß es in seiner ausgedörrten Kehle zischte. Und eine Flamme sprang auf Grimnirs blauen Mantel und entzündete ihn.

»Wie heiß! Weg von mir, Flamme! Versengst mir das Tuch!« rief Grimnir.

Nach diesen Worten erlosch der Brand auf Grimnirs Mantel, und das Feuer ließ von ihm ab. Dann sprach

Grimnir weiter: »Ich schwitzte acht Nächte lang zwischen den Feuern, gleich bricht die neunte an. Keiner reicht mir Speise oder ein Trinkhorn, als einziger du, Agnarr. Der Gott, den die Menschen am meisten achten, entbietet dir Heil, Agnarr, nie wird ein Trunk besser vergolten werden. Du sollst herrschen über das ganze Land.«

Agnarr wollte dem Gepeinigten ein zweites Horn reichen, aber König Geirrod riß es seinem Sohn aus der Hand und schüttete es auf dem Boden aus. Das Bier verdampfte auf dem heißen Stein neben Grimnirs Füßen.

König Geirrod ließ sich dieses Trinkhorn unter Grimnirs Augen wieder füllen, bis das Bier über den Rand schäumte. »Wer bist du, Grimnir?« forschte Geirrod den Fremden weiter aus.

Der saß unbewegt zwischen den Feuern und sprach: »Man nannte mich auch Graubart und Den Flammenäugigen.«

Da kicherte Geirrod und ließ das linke Feuer einen Fußbreit näher an Grimnir heranschieben. Aber die Flammen wichen seinem blauen Mantel aus.

»Und man nannte mich Den im Verführen Gewandten«, sagte Grimnir.

»Nicht einmal ein kleiner Zauberer bist du!« rief Geirrod und ließ sich nachschenken. »Sonst hättest du längst das Feuer erstickt.«

Grimnir lachte und sagte: »Wem kann man schon trauen? Einer lodernden Flamme? Einer krächzenden Krähe? Einem gezähmten Bären, der dir etwas vortanzt, dessen Wildheit aber sofort durchbrechen kann? Einer Schlange, die zusammengeringelt Frieden vortäuscht? Oder einem König, der zu einem Gespräch beim Bier in seine Halle lud? Und gar, was dir ein Mädchen im Bett zuflüstert?«

»Auch wir Männer«, sagte Geirrod, »täuschen die Frauen. Wenn wir am meisten schmeicheln, denken wir am heimtückischsten.«

»Die Frauen übertreffen uns darin«, erwiderte Grimnir.

»Den im Verführen Gewandten täuscht niemand!« rief Agnarr.

»Ich saß im Röhricht«, begann Grimnir, »und wartete auf eine Schöne. Vor Tagen hatte ich ihren strahlend schönen Leib beim Baden gesehen, seitdem begehrte ich sie. Das Mädchen war mir so lieb wie das Leben. Aber sie kam nicht zur Verabredung. Da überraschte ich sie morgens in ihrer Kammer, trat an ihr Bett und fand die Sonnenweiße schlafend, sie glänzte heller als ein Sonnenstrahl. Eher wollte ich auf meine Würde und alle Besitzungen verzichten als auf die Schöne. Sie erwachte, erkannte mich und sprach: ›Komm am Abend, da bin ich heiter und geschmückt. Aber verrat das keinem, sonst bricht meine Keuschheit wie dereinst der Weltenbaum!‹ Anstatt stracks in ihr Bett zu steigen und die Taufrische zu nehmen, vertraute ich ihren Worten, verließ ihre Kammer und wartete voll Liebeslust. Als ich dann abends kam, standen ihre Gefolgsleute vor ihrem Haus, klirrten mit den Waffen und leuchteten mir mit brennenden Fackeln heim.«

König Geirrod lachte schallend und ließ sich das Trinkhorn füllen. Grimnir sprach im gleichen Ton weiter: »Am Morgen schlief das Gefolge vom Rausch. Und wieder schlich ich mich in die Kammer ans Bett der Schönen, zur Verführung entschlossen. Im Dämmer schimmerte der blonde Schopf der Anmutigen seltsam schmal, und ihr Kopf schien spitz. Vielleicht vor Gram? Ich schlug die Decke zurück. Da lag nicht die Schöne, sondern eine Hündin an ihr Bett gebunden. Die knurrte feindselig und bellte mich aus dem Hause.«

Da lachte Geirrod so, daß er das Bier aus seinem Trinkhorn schüttete und meinte: »Diese Geschichte wird auch Odin nachgesagt.«

»Vater«, warnte Agnarr König Geirrod, »erkennst du ihn nicht? Grimnir trägt einen blauen Mantel und hat nur ein Auge!«

Geirrod lachte seinen Sohn aus und ließ sich nachschenken. »Wie viele tragen blaue Mäntel. Und manchem Graubart wurde in der Jugend ein Auge ausgeschlagen!«

»Und daß die bissigsten Hunde vor ihm wegsprangen?«

Geirrod war sich seines Urteils sicher. »Odin schuf den Himmel. Odin hob die Erde aus dem Meer. Odin machte aus Baumstämmen die ersten Menschen. Glaubst du, dieser Gott würde sich von mir acht Tage lang zwischen zwei Feuer setzen lassen?«

Da schwieg Agnarr.

Und Grimnir sprach weiter: »Wie gering ist der Schmerz wegen eines Mädchens gegen jenen, den ich mir selbst zufügte, als ich auf die Weltenesche stieg und mich an ihr aufhing, als ich mich dem Odin opferte, als ich mit dem Speer verwundet wurde und mein Blut auf die Erde tropfte, als keiner mir acht Tage lang Brot oder ein Trinkhorn reichte und ich ausdörrte wie Stockfisch. Aber am neunten Tag wurden mir von unten Runenstäbe gereicht. Ich griff nach ihnen, nahm sie schreiend auf und fiel befreit auf die Erde zurück. Nun wurde ich dieser Zeichen kundig und lernte Geburtsrunen, Bierrunen, Schlafrunen. Und vom weisen Mimir, dem Bruder meiner Mutter, lernte ich neun gewaltige Zaubersprüche. Ich wuchs zu meiner hohen Gestalt auf, gewann alle Erfahrungen, die jemand wie ich benötigt. Und ich lernte Lebensrunen, Unglücksrunen, Siegrunen und Todesrunen. Tat führte zu Tat, bis zu diesem Augenblick, wo die Feuer neben mir den achten Tag abbrannten – eben beginnt der neunte.«

»Wer bist du, Grimnir?« fragte Geirrod mit schwerer Zunge.

»Ich nannte mich Gangrad, ich nannte mich Bölverk«, erwiderte der Angesprochene, »andere nannten mich Den Goldbehelmten, Den Verwahrer des Dichtermetes, Den Speerkämpfer, Den Einäugigen. Für dich nannte ich mich Grimnir.«

»Du bist nicht Grimnir?« fragte Geirrod mit zitternder Stimme.

»Du schlucktest zu hastig Bier, Geirrod, redest besoffen und wirr. Du verspieltest die Gunst Odins. Ich riet dir viel, du bedachtest nichts. Und die Nornen wurden dir feind. Ich sehe dein Schwert mit Blut bespritzt. Dein Leben ist zu Ende. Jetzt kannst du Odin sehen« – Grimnir warf seine Verstellung ab. »Komm her zu mir.«

König Geirrod lehnte auf seinem Hochsitz und hielt das Schwert, halb aus der Scheide gezogen, auf seinen schlotternden Knien. Als er begriff, daß er Odin acht Tage lang zwischen Feuern gemartert hatte, sprang er entsetzt auf und wollte ihn von seinem Platz wegreißen – da glitt ihm das Schwert aus der Scheide, der Knauf rutschte auf den Boden. Der König beugte sich, stolperte und stürzte in die aufgerichtete Klinge, sie durchbohrte den König – und Geirrod starb.

Odin verschwand von seinem Platz zwischen den Feuern.

Und Agnarr wurde König; er herrschte lange und gerecht.

18

Thor holt seinen Hammer zurück

Auch Thor sorgte sich um den Bestand der Welten, bemühte sich um freundschaftliche Beziehungen zu mächtigen Riesen und lud einige zu einem Gelage ein. Es kamen nicht nur mit Göttern befreundete wie der Meeresriese Ägir und die Riesin Grid, auch solche, die den Asen bereits mißtrauten; dazu gehörten der Frostriese Geirröd und der Riesenkönig Thrym, mit denen Thor ehrenhaften Umgang und Frieden wünschte. Thor fand seine Bestimmung, Trolle zu erschlagen, manchmal blutig und roh und erinnerte sich gern an das goldene Zeitalter.

Heimdall hatte vor diesem Gelage gewarnt und war wie Odin dem Fest fern geblieben. Der Saal Thors in seiner Wohnstätte Kraftheim heißt Der von Licht Blitzende und strahlte an diesem Tag hell wie von Gewittern. Thor ließ von seinem Diener Thjalfi und anderen Hausleuten reichlich Bier und klaren Met ausschenken. Loki stand in Thors Gebäude, das 540 Räume hat, und beobachtete die Gäste. Balder saß an Thors Seite und sprach für den Ausgleich zwischen den Welten und davon, daß die Bewohner jeder Welt die der anderen gelten lassen sollten. Der blinde Höd war – wie so oft – bei Balder. Auch einige Asinnen saßen in Thors Halle und schenkten hin und wieder dem Riesenkönig Thrym und den anderen mächtigen Riesen nach. Durch den Verlust von Tyrs Schwurhand war die Rechtssicherheit in allen Welten erschüttert; und die Göttinnen versuchten weiteres Unheil abzuwenden.

Kein Streit brach aus, wie von Odin befürchtet. Die Riesen lobten Thors Friedfertigkeit. In später Nacht verließen die Gäste metberauscht Thors Gelage lärmend und fröhlich.

Am nächsten Morgen erwachte Thor früh und griff wie gewohnt nach seinem Hammer. Er griff wieder und wieder danach, doch der Platz blieb leer. Da sprang Thor von seiner Schlafstätte auf, schüttelte seinen roten Bart und raufte sich in unbändigem Zorn sein Haar. Vielleicht hatte ein Riese das Gelage und Thors Gutmütigkeit genutzt, den Platz des Hammers erkundet, ihn gestohlen oder rauben lassen? Odin und Heimdall würden Thor Leichtfertigkeit vorwerfen. Thor ging zuerst zu Loki und verriet ihm, was noch niemand in Asgard und Midgard wußte: »Mein Hammer ist gestohlen!«

Loki hatte den Asen manches Unglück bereitet, wollte das wieder gutmachen und Thor helfen. Beide gingen zu Freyja in ihre Wohnstätte, in Die Halle des Volkes, und berichteten der Göttin von dem Diebstahl. Auf Thors Bitte, ihr Falkengewand zu leihen, erwiderte die Göttin: »Ich würde es dir auch geben, wenn es silbern wäre, du könntest es haben, selbst wenn es golden wäre.«

Thor reichte Loki Freyjas Federkleid und bat ihn, nach Mjöllnir zu forschen, Den Abenteurer reizte der Auftrag.

Loki zog das Gewand über, stieg auf – das Federhemd rauschte. Er flog über Asgard und Midgard und dann nach Utgard. Loki kreiste über einigen Gehöften der Riesen, bis er den Riesenkönig Thrym auf seinem Hügel sitzen sah. Thrym flocht aus Golddrähten Halsbänder für seine Hunde.

Der kluge Thrym erkannte an dem Falken, wer die Federn trug und rief nach einigen Worten über das Fest bei Thor: »Was gibt's bei den Asen? Warum kommst du allein nach Riesenheim?«

»Bei den Asen steht es schlimm. Thor wurde Mjöllnir geraubt. Hast du ihn versteckt?« fragte Loki.

Thrym flocht das goldene Halsband zu Ende. Loki flog ungeduldig einige Runden um den Hügel, bis Thrym seinem Lieblingspferd die Mähne zu kämmen begann und endlich erwiderte:

»Ich verbarg Thors Hammer acht Meilen unter der Erde. Keiner holt ihn je wieder heim, bringt man mir nicht Freyja als Frau.«

Loki flog mit rauschendem Federkleid über Riesenheim zurück.

Thor stand schon vor seiner Wohnstätte und rief dem Ankommenden entgegen: »Berichte mir aus der Luft. Dem, der sitzt, entfällt oft das Gehörte. Wer liegt, der wird bequem und lügt.«

Und Loki antwortete im Anflug auf Thors Halle: »Thrym verbirgt den Hammer und fordert dafür Freyja als Frau.«

Bereits andere Riesen hatten Freyja besitzen wollen.

Thrym war zwar der mächtigste und würdigste Riese, der Freyja begehrte, und dazu König. Dennoch wagte Thor kaum, sein Ansinnen Freyja vorzutragen. Aber selbst der durchtriebene Loki wußte keinen anderen Ausweg, Mjöllnir zurückzugewinnen. Thor und Loki gingen also zur Göttin der Liebe und berichteten von Thryms Forderung. Und Thor bat die schönste und angesehenste Göttin, das Brautlinnen anzulegen und mit ihm zu Thrym nach Thrymheim zu fahren.

Freyja schnaubte vor Zorn so, daß der ganze Göttersaal bebte, der kostbare Brisingamenschmuck zersprang und zu Boden fiel. »Ich müßte erst mannstoll werden,« rief die Stolze, »um mit dir nach Riesenheim zu fahren!«

Ohne Mjöllnir waren Midgard und Asgard in Gefahr. Wenn die Riesen mit der gefährlichsten Waffe, die es gibt, angriffen, wären die Asen verloren. Die Götter und die Göttinnen eilten alle zum Rat und besprachen, wie sie den Hammer heimholen könnten. Auch Odin wußte keinen Ausweg, bis Heimdall, der hellste Ase, Thor statt Vorwürfen den Vorschlag machte:

»Binden wir nicht Freyja, sondern dir den Brautschleier um, legen dir den Brisingamenschmuck an, hängen dir Schlüssel an den Gürtel und lassen sie klingeln, stecken dich in Weiberkleider, lassen sie dir bis auf die Knie fallen, legen dir breite Edelsteine an die Brust und schmücken dich mit einem zierlichen Kopfputz.«

Thor brauste auf, sein roter Bart zitterte vor Wut. »Mich in ein Brautgewand stecken!« rief er. »Meine Brüder würden mich weibisch schelten, Riesen und Zwerge mich auslachen.«

»Thor, schweig lieber!« rief Loki. »Wenn du den Hammer nicht zurückholst, werden die Riesen bald in deinem Saal sitzen, Freyja wird dem widerlichen Thrym nicht nur Bier nachschenken, sondern auch zu Willen sein müssen.«

Ob Thor die Menschen, seine Freunde, ohne Schutz lassen wolle, fragte Odin.

Thor brauste noch einmal auf und schüttelte seinen wallenden Bart, dann ließ er sich widerwillig den Schleier und den Brisingamenschmuck anlegen, das Haar hochtürmen und als Braut herrichten; dabei kühlte er seinen Zorn mit einer Tonne Met. »Zu keiner Zeit und in keiner Welt wurde je ein Gott so lächerlich gemacht!« rief er. Die Asen vermieden, Thor an einem stehenden Gewässer vorbeizuführen, sonst hätte er sich wie im Spiegel gesehen.

Loki ließ sich als Dienerin verkleiden und wollte Thor nach Thrymheim begleiten.

Die Böcke Zahnknirscher und Zahnknisterer wurden vor Thors Wagen gespannt. Und die beiden Verkleideten donnerten los nach Riesenheim. Berge barsten, Felsgrate rissen, die Erde brannte unter den Rädern. Die beiden machten mehr Lärm als Riesen; ohrenbetäubend drang der zu Thrym.

»Hört, nun kommt Freyja!« rief der König zu seinen Riesen. »Steht auf, bestreut die Bänke zum Empfang.«

Die Riesen schmückten die Bänke mit Wacholderzweigen und kostbaren Ringen.

Der Riesenkönig Thrym besaß Kostbarkeiten wie feine Halsringe aus rotem Gold, sogar ganz schwarze Ochsen und goldgehörnte Kühe. Allein Freyja, meinte er, fehle ihm noch zu seinem Reichtum.

Thrym richtete ein üppiges Hochzeitsmahl und ließ reichlich Bier für die zahlreichen Gäste ausschenken.

»Wie groß und kräftig ist Freyja, einem König der Riesen würdig! Wie herrlich glitzert ihr Brisingamenschmuck!« rief Thrym.

Die Leinenhaube, um Thors Kopf gewickelt, verbarg sein Haar und seinen Bart; und der Schleier verdeckte seine gesenkten Wimpern und die stechenden Augen. Der derbe Kraftprotz, vor dem die stärksten Riesen zitterten, stand hilflos mit klirrenden Schlüsseln am Gürtel und im Brautkleid bis über die Knie im Gedränge lärmender Riesen. Thor biß vor Zorn die Lippen aufeinander. Um sich nicht zu verraten, schwieg er. Und um seine Wut hinunterzuspülen, trank er drei Tonnen Met und aß dazu einen Ochsen, acht Lachse und alles Backwerk, was für die Frauen bestimmt war.

Thrym sah erstaunt zu und rief: »Nie biß eine Braut so scharf zu! Nie schlang eine Braut so gierig und mit so breitem Maul! Nie sah ich eine Braut so saufen!«

In der Halle Thryms wurde es so still, daß die Gäste die Braut atmen hörten.

Da huschte Freyjas Dienerin rasch neben ihre Herrin und sprach: »Freyja aß und trank acht Tage und Nächte lang nichts, so sehr verlangte sie es nach dem König Thrym.«

Der nickte zufrieden, trat dann zu Freyja, die an der Schmalseite des Saales stand, hob den Brautschleier, lugte darunter und wollte die Braut küssen. Entsetzt fuhr er von Freyjas Lippen zurück und machte einen Sprung in Richtung zur Saalmitte hin.

»Wie furchtbar glühen Freyjas Augen!« rief der König. »Wie Feuer flammt Freyjas Blick!«

Wieder war die flinke Magd an Freyjas Seite: »Freyja schlief acht Nächte lang nicht, so sehr sehnte sie sich nach der Hochzeit mit dem großen Thrym.«

Gefährten des Riesenkönigs warnten ihn hinter vorgehaltenem Schild. Aber der kluge Thrym war zur schönsten Göttin so in Liebe entbrannt, daß er alle Vorsicht vergaß.

Und die Schwester des Riesenkönigs trat zu Freyja und bat als Brautgeschenk um ihre goldenen Ringe am Arm.

Da sagte Thrym: »Bringt den Hammer!«

Die Gefährten des Königs überhörten die Worte.

Da brüllte Thrym: »Bringt den Hammer! Legt Mjöllnir der Braut in den Schoß, weiht uns als Mann und Frau, wie es Sitte ist.«

Acht Riesen trugen eine hölzerne Tafel herein, darauf lag Mjöllnir, und den legten sie dann der Braut in den Schoß. Thor lachte das Herz in der Brust, als er seinen Hammer erkannte. Er hob ihn mit einer Hand, schwang ihn leicht wie eine Gerte.

Als Thor Schleier und Kopfhülle abwarf und der rote Bart in die Halle fuhr, versuchten die Gäste zu fliehen. Aber Loki sperrte das Tor. Die Riesen schrien auf. Thor erschlug zuerst Thrym.

Der Gewittergott gab Thryms dreister Schwester krachende Hammerhiebe – statt goldener Ringe. Thors Finger umklammerten Mjöllnir, als sei beides verwachsen. Im Zorn erschlug Thor alle Gäste, die ganze Sippe des Riesenkönigs Thrym.

So holte Thor mit Lokis Hilfe Mjöllnir zurück.

Aber die blutige Hochzeit schürte bei den anderen Riesenkönigen und ihrem Gefolge tieferen Haß gegen Thor und die Götter.

Gefjon gewinnt die Insel Seeland

Odin sah von Hlidskjalf, wie Riesen zu neuen Angriffen gegen Midgard rüsteten und entschloß sich, etwas für die Menschen zu tun. Er begab sich auf eine Insel, die heute Fünen heißt, und an einen Ort, der später nach ihm Odense genannt wurde. Dort traf er die Göttin Gefjon; da sie Familien, Glück und Fruchtbarkeit schenkt, wird sie Die Geberin genannt. Odin sandte sie aus, für die Menschen neues Land zu gewinnen.

Gefjon kam zum Schwedenkönig Gylfi, der Zauberei liebte, gab sich als fahrendes Weib aus und ergötzte ihn mit Künsten, die er noch nie gesehen hatte. Zum Dank schenkte er ihr so viel Ackerland, wie vier Ochsen an einem Tag und in einer Nacht umzupflügen vermöchten. Gefjon hatte von einem schönen Riesen in Riesenheim vier starke Söhne geboren, die verwandelte sie in riesenhafte Stiere. Mit ihnen pflügte sie einen Tag und eine Nacht, daß die Erde von der Arbeit dampfte. Und die mächtige Pflugschar ging tief und rasch und riß eine große Fläche Land heraus, die Gefjon von den Ochsen westwärts schleppen und zwischen der heutigen Insel Fünen und Schweden ins Meer versenken ließ. Gefjon befestigte das Land dort und nannte die Insel Seeland.

Zwischen dem Festland und Seeland blieb eine schmale Meeresenge, die heißt heute Öresund. Und an der Stelle in Schweden, wo Gefjon das Land herausgepflügt hatte, entstand ein See, der heißt heute Mälarsee.

Es wird berichtet, Gefjon nahm ihren Wohnsitz auf der neuen Insel. Und Skjöld, ein Sohn Odins, gewann

Gefjon zur Frau. Von beiden stammen die Skjöldunge, das erste dänische Königsgeschlecht.

20

Thor schadet dem Odinshelden Starkad

Für seine Einherjer in Walhall wählt Odin die tapfersten Krieger und macht sie zu seinen Helden. Thor mißtraut den berufsmäßigen Kämpfern und versuchte, dem von Odin bevorzugten Starkad zu schaden.

Im Alter von drei Jahren verlor Starkad seinen Vater und wuchs bei einem König auf. Odin brachte, verkleidet und mit Namen Hrossharsgrani, das Kind während eines Feldzuges in seine Gewalt und erzog es neun Jahre lang auf einer abgelegenen Insel.

Dem fast erwachsenen Jungen träumte, sein Pflegevater Hrossharsgrani führe ihn an eine Stelle im Walde, wo die Asen saßen und Hrossharsgrani als Odin begrüßten. Odin verlieh seinem Helden Vorzüge, denen Thor jeweils Nachteile entgegensetzte.

Thor versagte Starkad eine Familie mit Söhnen und andere Nachkommen. Odin gab ihm dafür drei Menschenalter. Thor verweigerte ihm Grundbesitz, und so zog Starkad von Land zu Land, von König zu König – der Krieg war sein Handwerk. Ärger stillte er mit dem Schwert, Angriffe auf sein Ehrgefühl verwand er nicht. Odin verlieh ihm die besten Waffen. Und so setzte sich Starkad auch den Stürmen und Schneeflocken aus und härtete seinen Gaumen ab gegen Leckerbissen, wollte seine Kraft und seinen Kriegsruhm nicht durch Schwelgerei schmälern. So aß er Fleisch ohne Feingeschmack durch Kräuter und Gewürze und verachtete jene Schlemmerei der benachbarten Sachsen, die die gekochten Fleischstücke noch einmal am Feuer rösteten.

Odin erklärte Starkad in jedem Kampf zum Sieger, aber Thor ließ ihm dafür jedes Mal eine tiefe Wunde schlagen. Und so mehrten sich die Narben und Grinde auf Starkads Körper wie Kerben seiner Kämpfe. Sein Leib wurde mehr und mehr verunstaltet. Einmal hing der größte Teil seiner Eingeweide aus dem Bauch, aber Starkad lehnte jede Hilfe von Niedrigstehenden ab. Ein Bauer band schließlich die Eingeweide mit einer Schlinge aus Weidenruten fest. Wunden, die anderen den Tod brachten, ließ Odin bei Starkad heilen, denn sein Held sollte viele Krieger für Walhall fällen. In seinen Kämpfen erschlug er viele bedeutende Männer, was ihm – wie von Odin zugedacht – Ruhm bei Königen und anderen Mächtigen einbrachte, aber Furcht und Haß beim Volk, weil das Thor so gegen ihn verhängt hatte.

Da Starkad eigenes Herdfeuer verwehrt war, hatte Odin ihm reichlich vom Dichtermet gegeben und die Kunst, Verse vorzutragen. Aber er mußte die Strophen rasch sprechen, denn Thor hatte Vergeßlichkeit dagegengesetzt.

Von einer großen Schandtat, die Thor Starkad in jedem seiner drei Menschenalter zugedacht hatte, soll erzählt werden. Starkad beging sie an dem norwegischen König Vikar, der bereits vor seiner Geburt Odin geweiht war.

Ein König hatte zwei Frauen, Signy und Geirhild. Beide stritten sich oft und so sehr, daß der König nur noch eine behalten wollte, und zwar jene, die ihm das beste Bier braute. Signy rief Freyja an, die ihr half. Und Geirhild wandte sich an Odin, der ihr seinen Speichel als Gärmittel gab, aber als Lohn das forderte, was zwischen ihr und der Braukufe sei, also das Kind in ihrem Leib. Der König kehrte von seiner Fahrt zurück und kostete das Bier der beiden Frauen. Geirhild gewann. Und bald wurde ihr Sohn geboren und Vikar genannt.

Als Odin später das Ende Vikars bestimmte, rief er Starkad als Gehilfen. Starkad tat sich im Kampf in Vikars Nähe hervor, wurde von ihm in seine Gefolgschaft aufgenommen und verbarg seine böse Absicht hinter Diensteifer.

Einmal kam Vikar wegen widriger Winde mit seinen Schiffen nicht mehr voran, die Flotte lag fest, die Vorräte wurden knapp. Da ließ König Vikar die Losstäbe werfen, und die Männer sahen, daß Odin einen Mann aus ihrer Schiffsmannschaft forderte. Sie warfen die Lose in einen Topf: es traf den König selbst. Die Mannschaft wollte König Vikar nicht hergeben. Da schlug Starkad vor, den König nur zum Schein zu opfern und ließ Met ausschenken. Die Flotte legte bei einer nahen Insel an; Starkad stieg dort auf einen Holzstock unter ein dünnes Bäumchen, bog mit dem Finger einen Zweig herab und knüpfte daran einen feinen Kalbsdarm. Die Mannschaft stellte sich im Kreis herum auf, trank und lärmte. Auch der König lachte über den Galgen, stieg auf den Wurzelstock, legte sich die schmale Darmschlinge um den Hals. Die Mannschaft brüllte vor Vergnügen. Odin in Gestalt Hrossharsgranis hatte Starkad letzte Nacht einen Rohrstab gegeben, den der nun Vikar zeigte. Der König bog ihn und lachte wieder. Dann stieß Starkad mit dem dünnen zitternden Rohrstengel nach Vikar und sprach:

»Nun geb ich dich dem Odin.« Da wurde der Rohrstab zum scharfen Speer, der Kalbsdarm straffte sich und wurde zum Strick, der Holzstock unter Vikars Füßen fiel, und der Zweig schnellte hoch und riß den durchbohrten König empor.

21

Der Riese Geirröd versucht Thor zu töten

Die Riesen beobachteten argwöhnisch, wie Odin mächtige Könige und tapfere Krieger förderte, aber ihr Hauptfeind blieb Thor. Bereits längere Zeit sannen die Riesen darüber nach, wie sie sich für Thors blutige Hochzeit rächen konnten. Da half ihnen ein Zufall. Loki war gutgelaunt. Er hatte als Thors Magd Mjöllnir mit zurückgeholt, das Ansehen bei den Asen wiedergewonnen und flatterte neugierig in Friggs Falkengewand über Midgard und Utgard. So gelangte er an das Gehöft von Geirröd. Vielleicht wollte Loki erspähen, was der mächtige Riese gegen die Götter und Menschen im Schilde führte. Loki saß auf dem Dach der großen Halle und äugte durch die fensterartige Öffnung. Geirröd erblickte den großen Vogel von seinem Hochsitz aus, der diesem Rauchloch gegenüber lag, und verlangte, das Tier zu fangen und herbeizuschaffen. Ein Untergebener Geirröds stieg auf das Dach der Halle; aber da es sehr hoch und steil war, bereitete es ihm große Mühe. Und Loki ergötzte sich daran, wie der Knecht einige Male ausglitt, und wollte erst aufflattern, wenn der Häscher nach ihm greifen würde. Als der Knecht endlich heran war, schlug Loki mit den Flügeln und wollte sich vom Fenster abstoßen, aber seine Füße klebten daran fest. Die Zauberkraft des Riesen band ihn, er wurde ergriffen und vor Geirröd gebracht.

Geirröd sah dem Falken in die Augen, vermutete, daß sich dahinter ein Mensch verbarg, und forderte Antwort, aber Loki schwieg. Da sperrte Geirröd Loki in eine Kiste und ließ ihn zwei Monate hungern, holte ihn dann wieder heraus und stellte ihn zur Rede. Der Ausgehungerte und fast Verdurstete gab sich zu erkennen. Geirröd frohlockte und drohte Loki wieder in die Kiste zu sperren, wenn er ihm nicht Eide schwor, Thor dazu zu bringen, daß er waffenlos an seinen Hof käme. Da Loki seinen Gefährten nicht verraten wollte, sperrte der Riese den Vogel wieder in die Kiste und verwehrte ihm einen weiteren Monat Trank und Speise. Dann ließ Geirröd den Kraftlosen wieder vorführen, und da sprach er zähneknirschend die geforderten Eide und kam frei.

Als Loki Thor vorschlug, ohne Mjöllnir Geirröds Einladung zu folgen, zögerte der Gewittergott. Aber von Geirröd, der bei Thors Gelage ihm gegenüber gesessen hatte, war ihm keine Bosheit bekannt. Auch hatte Thor bei Thryms Hochzeit vor Zorn unschuldige Riesen erschlagen. Da seine Absicht war, sich mit friedfertigen Riesen zu versöhnen, machte er sich waffenlos mit Loki auf den Weg zu Geirröd.

Unterwegs nahmen Thor und Loki Herberge bei der Riesin Grid, die den Asen wohlgesonnen war und Thor vor Geirröd warnte: der sei schlau und durchtrieben wie ein Hund und verberge seine Absichten. Die Riesin riet Thor, ihren Zauberstab Gridarwol, ihren Kraftgürtel und ihre Eisenhandschuhe zu leihen. Thor sperrte sich und vertraute seiner Kraft, aber auch Loki meinte, Geirröd werde Thors Ehrenhaftigkeit nicht vergelten. Vielleicht wollte Loki Geirröd heimzahlen, daß er ihn in eine Kiste gesperrt und zu den Eiden gezwungen hatte. Thor nahm also den Stab Gridarwol, die Eisenhandschuhe und den Kraftgürtel der Riesin.

Auf dem Weg zum Riesen Geirröd kamen Thor und Loki an einen breiten Fluß, der Wimur hieß und zu überqueren war. Thor legte den Kraftgürtel an und stemmte den Stab Gridarwol gegen die steigende Strömung. Loki klammerte sich am Kraftgürtel fest, sonst hätte die Flut ihn fortgerissen. Als Thor und der in einem Strudel zappelnde Loki die Mitte des Flusses erreichten, wurde die Strömung so stark, daß die Wellen Thors Schultern überspülten und Loki Wasser schluckte. Da rief Thor wütend: »Wachse nicht, Wimur, da ich dich durchwaten muß! Wenn du wächst, so wächst mir Asenkraft wie der Himmel so hoch!«

Thor spähte nach der Ursache des plötzlich steigenden Wassers und sah stromaufwärts über einer Schlucht, durch die Wimur brauste, wie Geirröds Tochter Gjalp die Beine gespreizt auf beiden Felsenufern stand und durch eine gewaltige Menge Urin den Fluß anschwellen ließ. Thor hob einen Stein aus dem Wasser, warf ihn Gjalp zwischen die Beine und rief: »Der Strom stoppe an seiner Quelle!« Der Stein verfehlte sein Ziel nicht und verstopfte die Öffnung. Aber eine Flutwelle war noch unterwegs; und während Thor zum Ufer stapfte, glitt er aus, bekam mit Mühe einen Ebereschenstrauch zu fassen und zog sich und Loki an Land. Seitdem heißt es, die Eberesche sei Thors Rettung.

Die beiden Wanderer kamen abends zum Hofe Geirröds und wurden von den Hausleuten zum Übernachten ins Ziegenhaus gewiesen. Auch daß in dem Haus nur ein Stuhl stand, sah Thor als eine Schmähung, setzte sich und behielt den Stab in der Hand. Da wurde Thor gewahr, wie sich der Stuhl emporhob und ihn zu zerquetschen drohte. Sein Kopf stieß schon gegen das mit einer dicken Erdschicht beschwerte Dach. Da stemmte der Sohn der Erde den Stab Gridarwol gegen die Dachbalken und drückte sich mit dem Stuhl wieder hinab. Es krachte und schrie auf; Geirröds Töchtern Gjalp und Greip, die Thor am Dach zerquetschen sollten, brach das Rückgrat.

Dann lud Geirröd Thor in seine Halle zum Wettspiel. In der Mitte der Tenne brannten mehrere große Feuer. Thor hatte vorsorglich die Eisenhandschuhe angelegt, verbarg seine Hände an seinem Rücken und wollte, wie es dem Gast zukam, gegenüber dem Hochsitz, auf dem der Riese thronte, den zweithöchsten Platz einnehmen. Da sprang Geirröd zum Feuer, riß mit einer Zange ein Stück Eisen aus den Flammen und hob es gegen Thor. Das Eisen glühte weiß und sprühte Funken.

Der Riese brüllte: Ob die Götter tatsächlich mehr Gold und stärkere Waffen hätten als die Riesen? Aber was sei Thor ohne Mjöllnir?

Geirröd warf das glühende Stück Eisen mit aller Kraft gegen Thor, daß es ihn durchbohrt hätte. Thor riß seine Arme nach vorn und fing es mit Grids Eisenhandschuhen auf, wurde von der Wucht des Wurfes einen Schritt zurückgerissen, trat wieder vor und schwang das Geschoß nun gegen den Riesen.

Er sei Thor, nicht Odin! rief Thor. Er sei waffenlos

gekommen, weil der Riese ihn zu einem friedlichen Wettstreit geladen habe. Aber welcher Riese sei heute noch aufrichtig?

Thor schleuderte das glühende Eisen mit Asenkraft. Geirröd war rechtzeitig hinter eine eiserne Säule gesprungen, die das Dach stützte. Aber Thor schoß das Stück Eisen mit solcher Wucht, daß es durch den Pfosten schlug, durch Geirröds Herz drang und durch die Hauswand fuhr, draußen ein Loch in den Fels bohrte und stecken blieb.

Daß Loki Thor zu Geirröd gelockt hatte, wurde ihm nicht verziehen.

Balder träumte das erste Mal Unheilvolles.

22

Odin verweigert Thor die Überfahrt

Nun griffen nicht nur Frostriesen und Bergriesen gelegentlich Midgard an, auch Sturmriesen trieben Fluten gegen Dämme am Meer, Feuerriesen spien Lava aus Vulkanen.

Thor kehrte von einer Fahrt gegen die Riesen zurück; er war nicht mit seinem Bocksgespann, sondern zu Fuß unterwegs gewesen, gelangte nachmittags an einen Sund und wollte rasch übergesetzt werden. Die Schlacht gegen die Feinde hatte an ihm Spuren hinterlassen. Auch wegen des hohen Wellenganges wollte er nicht durch die Meeresenge waten.

Auf der anderen Seite des Sundes stand ein Fährmann bei seinem Boot. Thor rief hinüber:

»Wer bist du?«

»Was ist das für ein Kerl, der da über das Meer schreit?« antwortete der Angesprochene.

»Fahr mich über den Sund«, erwiderte Thor, »ich lohne es, ich trage auf dem Rücken einen Korb mit Essen, setze dir davon Hering und Haferbrei vor.«

»Was stehst du am Ufer herum. Kannst nicht mal vorhersehen, was heute geschieht. Bei dir zu Hause fließen Tränen, denn deine Mutter liegt im Sterben«, erwiderte der Fährmann.

Thor lachte. »Was redest du daher? Woher wolltest du das wissen? Und ich bin nicht irgendwer, habe zahlreiche Besitzungen.«

Der Fährmann sah Thor mit nackten Beinen, in zerrissener Kleidung wie einen Bettler stehen. »Hast nicht mal eine Hose an. Sieht so einer aus, der große Höfe hat?«

»Rudre endlich das Boot her!« rief Thor ungehalten.

Der Fährmann machte keinen Schritt auf das Boot zu: »Ein kluger Mann warnte mich«, sagte er, »keine Wegelagerer und Roßdiebe überzusetzen, nur anständige Leute, die ich kenne. Sage mir deinen Namen.«

»Ich bin von hoher Herkunft«, rief Thor, »nämlich Odins Sohn, meine Frau ist die schöne Sif mit dem Goldhaar. Damit du endlich weißt, mit wem du redest: ich bin Thor. Und wie heißt du?«

»Harbard heiße ich«, verstellte sich der Fährmann weiter, »warum sollte ich meinen Namen verheimlichen?«

Thor sah den Fährmann genau an, soweit das die Entfernung zuließ, und dachte vielleicht: Harbard? Also

Graubart. War der Hochgewachsene etwa Odin, der Wanderer mit den wechselnden Namen? Dem wäre solche Schurkerei zuzutrauen. Auch weil Thor dem Odinshelden Starkad Schaden zugefügt hatte. Erkannte Thor Odin? Spielte Thor die Rolle des Biederen nur? Thor sagte:

»Harbard also. Verbirgst du deinen Namen? Oder hast du etwas auf dem Kerbholz und wirst verfolgt?«

»Läge ich mit jemandem im Streit«, ging der Fährmann darauf ein, »würde ich mir einen Zerlumpten wie dich vom Halse halten, denn ich müßte für mein Leben fürchten.«

Thor brauste auf: »Watete ich durch den Sund, würde mein Korb aufweichen. Du Knirps, du Windelscheißer sollst für deine frechen Worte büßen, wenn ich rüberkomme!«

»Komm doch rüber!« rief der Fährmann. »Du triffst keinen härteren Gegner seit Hrungnir.«

»Du sprichst davon, wie ich mit Hrungnir kämpfte, dem ehrenhaften Riesen, dessen Kopf aus Stein war und den ich fällte«. Thor sah sich an seine berühmte Tat erinnert, und sein Zorn verflog. Er nahm den Männervergleich an. »Und was tatest du inzwischen, Harbard?«

»Ich weilte fünf Winter auf der Insel Allgrün«, brüstete der Fährmann sich, »dort war der Anführer umsichtig. Wir schlugen Feinde zurück. Und wir probierten mancherlei, auch Mädchen.«

»Wie hast du sie probiert?« fragte Thor neugierig. »Wie war das mit den Weibern?«

»Wir hatten tolle Weiber«, sagte Odin, »sie waren biegsam und ungestüm, aber wir kriegten sie leider nicht handzahm. Und wie töricht, sie drehten Seile aus Sand und gruben ein Tal, das schon viel zu tief war, noch tiefer. Aber ich überlistete alle, lockte sieben Schwestern, lag allen sieben in einer Nacht bei und genoß ihre Liebeslust. Und was tatest du inzwischen, Thor?«

Der schwieg eine Weile, vielleicht weil er sich selbst nicht auf derartige Verführungskünste verstand. Oder prahlte der Fährmann? Thor besann sich auf seine Tüchtigkeit; schließlich hatte er Gewichtigeres zu berichten:

»Ich durchbohrte Geirröd, den heimtückischen Riesen, er wollte den Beschützer von Asgard und Midgard erschlagen. Und was tatest du inzwischen?«

»Ich machte junge Hexen ihren Männern abspenstig.«

»Und vergnügtest dich?«

»Durch listigen Zauber: Ich bat einen hartgesottenen Riesen um seinen Zauberring, mit dem raubte ich ihm sein Wissen.«

»So lohntest du ihm seine Großzügigkeit!« entrüstete sich Thor.

»Jeder sorgt zuerst für sich«, gab Odin sich überlegen, »stutzt man einer Eiche die Zweige, wächst die andere um so besser. Und was tatest du währenddessen?«

Thor hielt seine guten Taten für die Menschen dagegen: »Ich komme von Osten, erschlug Thursen, auch ihre Töchter. Wenn alle Riesen überlebten, würden sie viel zu mächtig. Sie würden Midgard niedertrampeln und bald vor Asgard stehen. Und was tatest du inzwischen, Harbard?«

»Ich war in dem Land, das nur aus Schlachtfeldern besteht, schürte neuen Streit zwischen Königen und verdarb jeden Frieden. So ist es: die Knechte, die auf dem Schlachtfeld bleiben, bekommt Thor; aber die gefallenen Könige, Jarle und Hersen gehen zu Odin nach Walhall.«

»Wenn du so mächtig wärst, wie du vorgibst, würdest

du die Gefallenen so ungerecht unter die Asen teilen!« rief Thor.

»Thor hat zwar Kraft, aber keinen Mut«, setzte Odin seine Schmährede fort. »Du wirst dich von einem Riesen in seinen Handschuh stopfen lassen. Wirst dich nicht mehr trauen, Thor zu sein, wirst aus Furcht weder zu niesen noch zu furzen wagen.«

Thor geriet in Zorn und schrie so, daß die Wellen höher über den Sund trieben: »Du Schurke, ich würde dich zu Hel hinabschmettern, könnte ich über den Sund langen!«

Odin tat so, als gäbe es keinen Anlaß für Thors Zorn: »Warum solltest du die Hand ausstrecken, da wir uns gar nicht streiten. Aber was tatest du währenddessen, Thor?«

Vor Wut äffte Thor nur den Fährmann nach: »Und was tatest du, Harbard?«

»Ich war im Osten«, spielte der Fährmann wieder auf Thors Unerfahrenheit mit Frauen an, »plauderte mit der einen, betörte eine andere mit leinenweißer Haut und traf mich heimlich mit einer Goldglänzenden, die sich mir in Lust hingab.«

Thor ließ sich beeindrucken. »Du hattest gefügige Weiber.«

»Da hätte ich dich brauchen können, die Leinenweiße zu halten und wieder und wieder zu beglücken.«

»Ich hätte dir gern geholfen«, sagte Thor.

»Kann ich dir trauen? Oder täuschst du mich?« vergewisserte sich Odin.

»Ich bin kein Fersenbeißer!« rief Thor. »Wie ein in der Hitze gedörrter Schuh, zu nichts mehr zu gebrauchen!«

»Und was tatest du inzwischen?« fragte der Fährmann Thor, der zerlumpt, noch immer den Tragkorb auf dem Rücken, am Sund auf Überfahrt wartete.

»Auf der Insel Lesø erschlug ich Berserkerweiber«, berichtete Thor.

»Welche Schande!« rief Odin. »Waffen gegen Weiber zu heben.«

»Wölfinnen waren das, keine Weiber«, rechtfertigte sich Thor. »Sie hatten auf der Insel alles Volk umgebracht und mein Schiff zertrümmert, das hatte ich an Land auf Stützen gestellt. Und sie vertrieben meinen Gefährten Thjalfi und griffen mit Eisenstangen an. Da mußte ich Mjöllnir werfen. Und was tatest du inzwischen, Harbard?«

»Ich komme von dem Heer, das gegen diese Gegend vorrückt. Siehst du die Kriegsfahnen da hinten im Wind? Die Schwerter und Speere werden mit Blut gerötet werden.«

»Du bist nur hier, um diese fruchtbare Gegend am Sund zu verwüsten?« entrüstete sich Thor.

»Zur Buße schenke ich dir einen Ring«, spottete Odin, legte seine zehn Finger aneinander, daß sie die Gestalt eines Ringes ergaben. »Nun sind wir wieder versöhnt.«

Diese Scheinbuße brachte Thor in Asenzorn: »Deine Schandschnauze werde ich dir einschlagen, wenn ich durchs Wasser wate. Du wirst lauter als ein Wolf aufheulen, wenn ich dir eins mit dem Hammer versetze.«

»Statt dein Maul aufzureißen«, erwiderte Odin, »kümmre dich lieber um deine Frau. Odin machte deiner schönen Sif ein Kind, deinen Stiefsohn Ullr, wußtest du das nicht?«

Thor nahm wütend seinen Korb vom Rücken, setzte

ihn auf die Erde, griff nach Mjöllnir und würde ihn wohl gegen den Fährmann geschleudert haben, wenn er in dessen Person nicht den Göttervater vermutet hätte. Die nächste Unverfrorenheit bestätigte seinen Verdacht:

»Könntest du deine Gestalt wechseln, kämst du rasch rüber.« Thor verstand nämlich weder Zauber noch sich in Tiere zu verwandeln wie Odin, vermochte nicht einmal mit einem geliehenen Falkengewand zu fliegen wie Loki. Thor schwieg noch einige Wellenzüge lang, ehe er beherrscht sagte:

»Harbard, was nutzt das Gezänk, rudre endlich das Boot her!«

»Ich hätte nie geahnt, daß ein Viehhirt den großen Thor aufhalten könnte«, genoß der Fährmann seinen Sieg.

»Ich wollte nur sehen, was für ein durchtriebener Hund du bist«, sagte Thor und lachte dröhnend.

»Verschwinde vom Sund, ein Zerlumpter würde nur mein Boot beschmutzen!« Der Fährmann beschrieb den Weg am Sund entlang.

23
Ein Fluch liegt auf dem Goldschatz

Balder schreckte aus dem Schlaf hoch und sprach nun über seine Träume: der Wolf Sköll hetzte die Sonne und packte sie; nach den Eidbrüchen der Götter riß das Band der Erde, die Midgardschlange machte sich los, tauchte manchmal vom Meeresgrund auf, peitschte Fluten gegen Strände, überschwemmte flaches Land, spülte Menschen und Haustiere aus den Häusern; eisige Kälte fiel die Flut an und fror die Wellenzüge gläsern; Schnee deckte reife Kornfelder. Im goldenen Zeitalter waren die Menschen fruchtbar gewesen und hatten zahlreiche Nachkommen; da die Midgardschlange Sunde vergiftete und viele Großfische fraß, litten die Menschen jetzt Hunger. Und der Gott des Lichtes sah sich selbst ungeschützt auf offenem Platz stehen, Pfeile und Speere auf sich gerichtet.

Die Asinnen und Asen waren betroffen über Balders Träume und beratschlagten unter dem Weltenbaum, was zu tun sei, damit diese nicht wahr würden. Thor wollte mit Loki und Thjalfi als Verstärkung gegen die Riesen ziehen.

Odin, am meisten bestürzt über Balders Träume, sah in ihnen Zeichen für nahes Unheil und ging mit Loki und dem Asen Hönir auf eine Erkundungsfahrt in die Welten. Nach einer langen Wanderung kamen sie an einen Fluß und liefen an seinem Ufer entlang bis zu einem Wasserfall. Dort saß ein Fischotter und begann blinzelnd einen Lachs zu fressen. Loki nahm einen Stein, warf und traf den Otter am Kopf. Odin und Hönir lobten Lokis Jagdgeschick, mit einem Wurf zwei Tiere erlegt zu haben.

Die drei Asen hoben ihre Beute auf und kamen bald an ein großes Gehöft, das gehörte Hreidmar, einem angesehenen und zauberkundigen Bauern. Die Wanderer baten ihn um Nachtquartier, zeigten ihre Jagdbeute und beteuerten, für ihr Essen selbst aufzukommen.

Als der Bauer den Otter sah, rief er seine beiden Söhne Fafnir und Regin, sagte, daß Otter, ihr Bruder, erschlagen sei, wies auf die Täter und lähmte sie durch Zauber, bevor Odin seine Kraft dagegensetzen konnte. Sofort packten der Vater und seine beiden Söhne die Asen und banden sie. Die Wanderer beteuerten, nicht gewußt zu haben, daß dieser Fischotter der Sohn des Bauern gewesen sei, und boten zur Versöhnung so viel Lösegeld, wie der Bauer selbst festsetzen wollte.

Dem Otter wurde das Fell abgezogen. Und der Bauer forderte als Buße, den Balg mit rotem Gold so zu füllen und ganz abzudecken, daß kein Haar mehr von ihm zu sehen sei. Die Abmachung wurde durch Eid bekräftigt.

Der Bauer nahm zum Pfand Odin seinen Speer Gungnir und Loki seine Schuhe ab, dann ließ er die Asen losbinden.

Odin schickte Loki nach Schwarzalfenheim, um das Gold herbeizuschaffen. Dort belauerte Loki die reichsten Zwerge und glaubte, Andvari verwahre den größten Schatz. Als sich Andvari in einen Hecht verwandelte und im Wasser umherschnellte, ergriff Loki ihn und forderte als Lösegeld von ihm alles Gold, was er in seiner Felsenhöhle gehortet hatte. Andvari nahm wieder seine Zwergengestalt an. Dann begleitete Loki ihn zu seiner Höhle. Und der Zwerg mußte unter Lokis Augen alles Gold herausschleppen, was er besaß, und häufte einen Berg erlesener Kostbarkeiten. Loki beobachtete, wie der

Zwerg rasch einen kleinen Goldring in seinen Ärmel steckte, und forderte auch den. Andvari flehte Loki an, ihm den winzigen Ring zu lassen, denn mit ihm könne er seinen Schatz wieder vermehren. Vielleicht erwog Loki, die Bitte zu gewähren, dachte aber: und wenn gerade der Ring fehlen wird, den Otter zu bedecken? Also nahm Loki ihm auch dieses letzte Stück ab.

Da geriet der Zwerg in unmäßigen Zorn und verfluchte den Ring: jedem seiner Besitzer solle es den Kopf kosten.

Und Loki sagte: »Ich verkünde das dem nächsten Eigentümer des Ringes, so wird sich deine Prophezeiung erfüllen.«

Loki schleppte den Schatz zum Gehöft des Bauern und breitete das Gold vor Odin aus. Der nannte den Ring, obwohl er so klein war, sehr wertvoll und steckte ihn ein. Das übrige Gold gaben die Asen dem Bauern. Und der stopfte davon so viel er konnte in den Otterbalg und stellte ihn dann auf die Füße. Um ihn schichtete Odin alles Gold auf, so daß der Balg ganz eingehüllt war. Dann fragte der Göttervater den Bauern, ob noch etwas von der Otterhaut zu sehen sei. Der Bauer betrachtete das gestapelte Gold eingehend, sah noch ein winziges Schnauzhaar abstehen und sprach: »Wird nicht das letzte Haar von Gold bedeckt, kommt ihr nicht frei.« Da mußte Odin den kleinen Ring aus der Tasche ziehen, er legte ihn auf das Schnauzhaar und sagte, damit sei die Otterbuße erfüllt.

Der Bauer war zufrieden, gab Odin seinen Speer Gungnir und Loki seine Schuhe zurück. Und als die Asen an der Tür standen und von dem Bauern nichts mehr zu befürchten hatten, sprach Loki: »Das ist Andvaris Spruch: Wer auch das Gold und den Ring besitzen sollte, der wird sterben.«

Vater und Söhne starrten auf den Berg Gold, der den Balg des Otters umgab, wurden vom rötlichen Glanz geblendet und überhörten wohl den Fluch. Der Bauer nahm allein alles Gold an sich. Fafnir und Regin verlangten einen Teil davon als Buße für ihren Bruder. Doch der Bauer sagte, nur ihm als Vater stehe die Buße für seinen Sohn zu und gab nicht den kleinsten Ring ab. Da durchbohrten Fafnir und Regin ihren Vater im Schlafe mit dem Schwert. Dann forderte Regin, Fafnir solle den Schatz gerecht unter beiden aufteilen. Fafnir war der größere und stärkere der beiden Brüder, er hatte sich den Schreckenshelm des Vaters aufgesetzt, der allen Furcht bereitete, und dessen Schwert angelegt. Und Fafnir warf Regin vor, er habe wegen des Goldes ihren Vater erschlagen, und er solle fliehen, sonst werde ihm dasselbe widerfahren wie seinem Vater. Regin war klein, aber sehr klug und geschickt in der Schmiedekunst. Als Fafnir nichts von dem Vatererbe herausgab, befragte Regin seine Schwester. Die riet ihm, den Bruder nur freundlich zu bitten und nicht mit dem Schwert in der Hand Gold zu fordern. Doch Fafnir trieb Regin aus dem Haus.

Die Brüder hatten die Zauberkraft von ihrem Vater geerbt.

Fafnir brach sich auf der Gnitaheide eine Höhle, brachte den Schatz dahin, verwandelte sich in einen Drachen und legte sich auf das Gold.

Regin ging an den Hof eines Königs, wurde dessen Meisterschmied und zog als Pflegesohn Sigurd auf, dessen Vater erschlagen worden war. Sigurd wurde später durch seine Kraft und kluge Gesinnung der berühmteste Heerkönig. Regin erzählte ihm, wie sich sein Bruder ungerechtfertigt den ganzen Schatz seines Vaters angeeignet hatte, und stachelte den jungen Krieger an, sich das Gold zu verschaffen. Sigurd verlangte es nicht nach Reichtum, er versprach aber, Regin zu seinem Recht zu verhelfen. Da schmiedete Regin für Sigurd das Schwert Gram. Es war so scharf, daß es eine Wollflocke, die im Fluß trieb, zerschnitt, als wäre sie Wasser. Dann spaltete Sigurd mit dem Schwert Gram Regins Amboß bis auf den hölzernen Stock. Regin lobte Sigurds Kraft und hetzte gegen seinen Bruder Fafnir.

»Ehe ich goldene Ringe erwerbe, muß ich meinen Vater rächen«, erwiderte Sigurd.

Regin bewog den König, an dessen Hof er und Sigurd lebten, ein Schiff auszurüsten. Sigurd fuhr mit starker Mannschaft aus, begleitet von Regin, und geriet in einen Sturm. Vor einem Gebirge, das steil aus dem Meer ragte, kreuzten sie gegen den Wind und drohten zerschellt zu werden. Da stand ein Mann auf einem Felsen, rief und bat um Aufnahme. Obwohl das Boot den Wogen kaum noch standhielt und Sturzseen über die Planken brachen, ließ Sigurd anlegen und den Mann an Bord nehmen. Das Unwetter legte sich bald. Und der Fremde, hinter dem sich Odin verbarg, lehrte Sigurd, seine Krieger keilförmig angreifen zu lassen, und prophezeite ihm den Sieg gegen die Mörder seines Vaters.

Nach erfolgreicher Schlacht kehrten Sigurd und Regin an den Hof des gastgebenden Königs zurück. Und Regin stachelte Sigurd wieder gegen Fafnir auf. Keiner habe bisher gewagt, den starken Fafnir anzugreifen, der durch seinen Schreckenshelm als unbesiegbar gelte. Ihn niederzuwerfen bringe noch mehr Ruhm. Dieser Verlockung vermochte Sigurd nicht zu widerstehen.

Regin stiftete Sigurd dazu an, auf Fafnirs Kriechweg von seiner Höhle zur nahen Tränke eine Grube auszuheben. Da hinein duckte sich Sigurd, tarnte sich mit Zweigen und bohrte Fafnir auf seinem Weg über die Grube das Schwert Gram ins Herz.

Fafnir kroch noch ein Stück, schüttelte sich, schlug mit dem Kopf und dem Schwanz. Dann sprang Sigurd aus der Grube. Und der Drache und Sigurd starrten einander an.

»Wer bist du? Welcher Vater hat dich gezeugt?« rief Fafnir. Sigurd verleugnete sich, weil er glaubte, der Fluch eines zu Tode Verwundeten bringe Unheil, wenn er seinen Feind mit Namen nennt.

»Ich hielt mich für stärker als alle, für unverwundbar, rechnete mit keinem Angriff! Das Gold bringt dir Verderben! Reite heim!« warnte Fafnir seinen Besieger.

»Der Schatz gehört deinem Bruder Regin«, entgegnete Sigurd.

»Regin verriet mich«, klagte Fafnir, »er wird auch dich in den Tod treiben. Wer den Goldschatz besitzt, der wird vom eigenen Blut getränkt werden.«

Nach diesen Worten starb Fafnir. Und Sigurd zog das Schwert Gram aus Fafnirs Herz und wischte das Blut am Grase ab. Da trat Regin, der sich während des Kampfes versteckt hatte, auf Sigurd zu und nannte ihn den Tapfersten der Menschenwelt.

»Ich ritt nur zu Fafnir, weil du sticheltest, ich sei nicht kühn genug«, rechtfertigte sich Sigurd. »Und während ich mein Schwert mit Blut befleckte, lagst du im Heidekraut.«

»Gram habe ich geschmiedet«, erwiderte Regin.

»Das schärfste Schwert rostet, wenn mit ihm keiner Schädel spaltet!« rief Sigurd.

Regin trat zu Fafnir und schnitt ihm mit seinem Schwert das Drachenherz heraus. Dann trank der zwergwüchsige Regin aus der Wunde das Blut seines starken Bruders, um dessen Kraft zu gewinnen.

»Du hast meinen Bruder getötet«, sagte Regin und forderte als Sühne, daß Sigurd ihm Fafnirs Herz briete. Das wollte Regin nach seinem Schlafe, zu dem er sich niederlegte, verspeisen.

Sigurd zündete ein Feuer an und briet Fafnirs Herz an einem Stock. Nach einiger Zeit prüfte er mit seinem Finger das Fleisch, aus dem Saft schäumte, ob es weich sei, verbrannte sich dabei den Finger und steckte ihn in den Mund. Als das Herzblut des Drachens auf seine Zunge troff, verstand Sigurd auf einmal die Sprache der Vögel. Eine Spechtmeise auf einem nahen Baum riet Sigurd, das Herz selber zu essen und Regin nicht zu trauen. Eine andere Meise warnte Sigurd vor Regin; der beschuldige ihn, seinen Bruder erschlagen zu haben und wolle ihn aus Rache heimtückisch töten, und er wolle alles Gold für sich.

Fafnirs Rat und die Warnungen der Meisen nährten Sigurds heimliche Zweifel an Regins Rechtschaffenheit. Und Sigurd dachte an die Unmenge Gold. Und er mußte sich, den Sproß des berühmten Völsungengeschlechtes, schützen.

Also schlug Sigurd mit dem Schwert Gram, das Regin ihm geschmiedet hatte, Regin den Kopf ab. Dann aß er selbst Fafnirs Herz. Dann trank er Fafnirs Blut. Und dann trank er auch Regins Blut.

Eine Meise erinnerte Sigurd an den Schatz.

Eine andere Meise riet Sigurd, die schönsten Mädchen zu gewinnen. Sigurd war hochgewachsen und stattlich, hatte helle Haut und leuchtende Augen.

Eine dritte Meise riet Sigurd, die Walküre Brynhild zu freien. Brynhild hatte, wie erzählt, nicht nach Odins, sondern eigenem Wunsch den Sieger gewählt. Die schöne Brynhild aus der Burg mit der unüberwindbaren Waberlohe zu befreien, wisperte die Meise, sei eine größere Heldentat, als Fafnir zu töten, und bringe ihm unsterblichen Ruhm.

Sigurd schwang sich auf sein Pferd und ritt auf Fafnirs Spur zu dessen unterirdischer Behausung. Nicht nur die Stützen, auch die Tür und der Rahmen waren aus Eisen. Die Tür stand offen. Da lag Gold im Überfluß. Sigurd füllte zwei große Kisten und band sie beiderseits auf den Rücken seines Pferdes. Das wollte keinen Fuß vor den anderen setzen, bevor Sigurd sich nicht auf dessen Rükken schwang. Und Sigurd stülpte sich auch den Schrekkenshelm auf, legte den Goldpanzer an und nahm als zweites Schwert das von Regins und Fafnirs Vater.

Als das Pferd unter der Last des Goldes schwer ging und davon der Weg dröhnte, hörte Sigurd wieder die Worte des sterbenden Fafnir: Wer den Goldschatz besitzt, wird getötet.

Aber Sigurd wischte sich sein hellblondes Haar aus der Stirn und ritt lachend davon.

Der Riese Utgard-Loki narrt den Gewittergott

Thor ging mit Loki und Thjalfi auf Ostfahrt und glaubte sich, wie stets, den Riesen überlegen. Mjöllnir hatte sogar den gefürchteten Hrungnir zerschmettert. Doch nun sollte der stärkste Gott beim Riesen Utgard-Loki in unerwartete Bedrängnisse geraten.

Thor nahm mit seinen Gefährten Nachtquartier bei Thjalfis Vater, der nahe der Grenze zu Utgard wohnte. Und sie erinnerten sich, wie Thor und Loki das erste Mal hier bei dem Bauern eingekehrt waren.

Auch damals waren sie reichlich mit Bier bewirtet worden. Und für das Essen hatte Thor selbst gesorgt, indem er seine beiden Böcke geschlachtet, sie abgezogen und für den Kessel zugerichtet hatte. Als sie gesotten waren, hatte Thor als Dank für die Gastfreundschaft auch den Bauern und seine Familie zum Nachtmahl geladen. Thor breitete die Bocksfelle neben dem Herd aus und sagte, der Bauer und seine Familie sollten die Knochen auf die Felle werfen, aber unversehrt. Nach der ausgiebigen Mahlzeit begaben sich alle zur Nachtruhe. Noch vor Anbruch des Tages stand Thor auf, kleidete sich an, nahm seinen Hammer, hob ihn und weihte die Bocksfelle. Zahnknirscher und Zahnknisterer standen auf, aber nur einer springlebendig. Dem anderen Bock lahmte das Hinterbein. Thor befühlte es, geriet in großen Zorn und hielt dem Bauern vor, er oder jemand seiner Hausleute müßte einen Knochen beschädigt haben. Niemand gab eine solche Nachlässigkeit zu. Da ließ Thor seine Brauen sinken; von seinen Augen war noch wenig zu sehen; schon dieser Blick reichte, daß der Bauer glaubte, er würde zu Boden geschleudert. Auch seine Frau und die Kinder gerieten in Angst und Schrecken. Thor packte den Schaft des Hammers so hart mit den Händen, daß seine Fingerknöchel weiß wurden. Die Hausleute des Bauern schrien auf, und Thjalfi gestand, er habe aus Gier, das Mark des bedeutenden Bockes zu schlürfen, mit einem Messer heimlich einen Oberschenkelknochen geöffnet. Der Bauer und seine Leute baten um Schonung und einen Vergleich. Als Buße boten sie alles, was sie besaßen, sich selbst, Haus und Hof. »Das Bocksfleisch war zu köstlich«, versuchte die Schwester Thjalfis dessen Verfehlung zu entschuldigen. Thor sah die Angst und Verzweiflung des Bauern und seiner Familie, blickte sie noch einmal strafend an, dann war sein Zorn verflogen. – Und begütigt hatte er Thjalfi und seine Schwester Röskva genommen, die der Bauer als Buße geboten. Beide waren in Thors Dienste getreten und begleiteten ihn seitdem.

Auch diesmal war Thjalfi an Thors Seite. Und auch bei diesem Besuch wollte Thor seine Böcke schlachten, doch der Bauer legte bereits frisches Fleisch in den dampfenden Kessel. Sie aßen und tranken reichlich. Thor ließ seine Böcke bei dem Bauern und setzte mit seinen Begleitern am nächsten Morgen bei Sonnenaufgang seine Reise fort.

Zuerst überquerten sie mit einem Boot einen See, dann schwammen sie durch einen Sund. Und als sie das Ufer verlassen hatten und eine kurze Zeit gegangen waren, kamen sie in Utgard an einen großen Wald, liefen den ganzen Tag hindurch, bis es dunkelte. Thjalfi trug Thors Proviantsack, von dessen Vorräten das meiste verzehrt war. Als es pechfinster wurde, suchten sie ein Nachtlager und fanden eine weite Halle. Ihr Tor war an einem Ende so breit wie der Raum. Hier legten sie sich nieder und schliefen. Um Mitternacht wurden sie von einem Erdbeben geweckt. Der Boden unter ihnen bewegte sich wellenartig, er riß, Spalten klafften, das Gebäude schwankte. Da stand Thor auf und rief seine Begleiter. Sie tasteten sich weiter und fanden in der Mitte der Halle rechts einen schmaleren Nebenraum. Thor setzte sich an dessen Eingang, die anderen verbargen sich verschreckt im Inneren. Thor umklammerte den etwas zu kurz geratenen Schaft seines Hammers und gedachte sich zu wehren. Aber außer heftigem Rauschen und lautem Lärmen war nichts zu vernehmen.

Bei Anbruch des Tages ging Thor hinaus und sah unweit im Walde einen Mann von beträchtlicher Größe liegen. Er schlief und schnarchte, daß um ihn die Baumstämme erzitterten. Nun begriff Thor, wie der nächtliche Lärm entstanden war, und wollte den Unhold, der sie im Schlaf gestört hatte, strafen. Thor legte den Kraftgürtel an und griff nach Mjöllnir. Da erwachte der Mann und erhob sich schnell. Und es heißt, Thor wagte dieses eine Mal nicht, mit Mjöllnir zuzuschlagen, so weit überragte der Unhold ihn. Und nach seinem Namen befragt, nannte der Mann sich Skrymir.

»Dich brauche ich nicht zu fragen, wie du heißt«, sagte Skrymir, »du bist Thor. Aber hast du meinen Handschuh weggeschleift?« Skrymir streckte den Arm aus und hob seinen Fäustling auf. Da erkannte Thor, daß er den für eine Halle gehalten und mit seinen Begleitern darin übernachtet hatte. Der Nebenraum erwies sich als Däumling des Fäustlings.

Skrymir fragte, ob er Thor begleiten könne. Thor wagte nicht, ihn als Reisegefährten abzuweisen. Und so nahm Skrymir seinen Reisesack, band ihn auf und frühstückte. Thor und seine Begleiter saßen abseits. »Wir sollten unsere Vorräte zusammenlegen und eine Tischgemeinschaft bilden«, bot Skrymir an. Thor dachte, er und seine Begleiter könnten mit von Skrymirs reichen Vorräten zehren, und willigten ein. Skrymir band alle Vorräte in ein Bündel und nahm es auf den Rücken.

Sie gingen weiter durch den Wald. Skrymir lief den ganzen Tag über voran und schritt weit aus. Thjalfi als schnellster Läufer vermochte nur mit großer Mühe zu folgen. Thor, der lange Fußmärsche gewöhnt war, hätte gern eine Rast zum Essen eingelegt. Auch Loki war müde, hungrig und durstig. Aber die drei wollten keine Schwäche zeigen und verzichteten auf eine Pause. Als es längst dunkel war, suchte Skrymir ein Nachtlager unter einer Eiche und sagte zu Thor: »Nehmt das Bündel mit Proviant und eßt reichlich.« Skrymir legte sich neben die Eiche ins Gras, schlief rasch ein und schnarchte so mächtig, daß die Eichenblätter über ihm rauschten.

Thor und seine Gefährten hatten tagsüber weder gegessen noch getrunken und ungeheuren Appetit. So sehr sich der stärkste Ase mühte, den Proviantsack aufzubinden, es gelang ihm nicht einmal, ein Riemchen haarbreit zu lockern. Da wurde Thor zornig, er senkte die Augenbrauen, blickte finster, packte seinen Hammer mit beiden Händen, trat zu Skrymir und schlug ihn auf den Kopf.

Skrymir erwachte und fragte: »Fiel mir ein Laubblatt auf die Stirn? Habt ihr genügend gegessen und getrunken? Warum schlaft ihr noch nicht?«

»Wir bereiten uns zur Nachtruhe vor«, brummte Thor. Da war Skrymir zufrieden. Thor und seine Gefährten legten sich unter eine Buche und lauschten in die Richtung, wo Skrymir schlief. Um Mitternacht schnarchte er so, daß der Wald dröhnte. Thor stand auf, ging zu Skrymir, schwang seinen Hammer, zornig vor Hunger, holte weit aus und versetzte dem Lärmer einen Schlag mitten auf den Scheitel. Der Hammermund drang tief in den Kopf ein. Im selben Augenblick erwachte Skrymir und sagte:

»Was ist geschehen? Fiel mir eine Eichel auf den Kopf? Und Thor, was ist mit dir?«

Thor trat rasch zurück und sagte: »Es ist erst Mitternacht und noch viel Zeit zu schlafen.«

Skrymir tat beruhigt. Thor ging unter seinen Baum zurück und dachte: ergebe sich eine Gelegenheit, ein drittes Mal zuzuschlagen, so solle Skrymir die Augen nie wieder öffnen. Thor lag und lauerte, bis der Riese eingeschlafen war. Kurz vor Anbruch des Tages bebte der Waldboden von Skrymirs Schnarchen, und die Vögel flohen kreischend. Da stand Thor auf, legte den Kraftgürtel an, trat dicht vor Skrymir und trieb ihm mit aller Asenkraft, die er aufbieten konnte, den Hammer in die Schläfe, die ihm zugewandt lag. Mjöllnir drang tief bis zum Schaft ein.

Skrymir erwachte, strich sich über die Schläfe, setzte sich auf und sagte: »Sitzen Vögel auf dem Baum über mir? Mir kam vor, als wäre mir ein Zweig auf den Kopf gefallen. Bist du wach, Thor? Es wird Zeit, aufzustehen und sich anzukleiden.«

Vor Hunger und Durst vermochte Thor nichts zu erwidern. Skrymir stand auf, griff nach dem Proviantsack.

Aber statt den Knoten zu lösen, wie Thor und seine Gefährten gehofft hatten, nahm er das Bündel in die Hand und sagte:

»Der Weg bis zur Burg des Utgard-Loki ist nicht lang. Ich hörte, wie ihr miteinander flüstertet, ich sei ein Mann von beträchtlichem Wuchs, aber ihr werdet dort weit größere sehen, wenn ihr seine Burg betretet. Nur rate ich euch, haltet eure vorlauten Worte zurück, die Gefolgsmänner des Utgard-Loki dulden keine Prahlerei.«

Thor klopfte mit dem Hammer gegen den Proviantsack. Skrymir tat, als bemerke er das nicht und redete weiter: »Aber falls ihr euch fürchtet, kehrt lieber um, das wäre das Beste. Doch wollt ihr so weitergehen, dann Richtung Osten. Ich nehme den Weg nordwärts zu jenen Bergen, die dahinten in die Wolken ragen.« Skrymir warf das Bündel mit den Vorräten auf seinen Rücken, wandte sich um und stapfte zum Wald. Thor und seine Gefährten sahen zu, wie der Riese mit ihren Vorräten zwischen den Buchen verschwand. Dann standen die drei mit ihrem Hunger und ihrem Durst allein mitten im Wald; da blieb ihnen keine andere Wahl, als die nahe Burg des Utgard-Loki aufzusuchen.

Gegen Mittag erblickten sie in der Ferne eine so hohe Wand aus Bohlen, daß sie den Kopf in den Nacken legen mußten, um über die Burg zu sehen. Sie kamen näher und fanden das Gitter vor dem Burgtor verschlossen. Thor versuchte, Stäbe zur Seite zu biegen oder herauszureißen – aber das ging nicht. Thor und seine Gefährten wandten hartnäckig all ihre Kraft auf. Loki und Thjalfi gelang es schließlich, sich zwischen den Stäben hindurchzuzwängen. Thor mit seinem starken Körper brauchte dazu mehr Zeit.

Das Burgtor stand offen. Die drei traten in die große Halle. Auf zwei Bänken beiderseits des Raumes saßen viele Männer, die Skrymir überragt hätten. In der Mitte einer Längsbank befand sich der Hochsitz für den größten der Riesen, ihren König Utgard-Loki. Vor den trat Thor mit seinen Gefährten. Doch Utgard-Loki ließ die Feuer in der Mitte des Raumes ein Stück niederbrennen, ehe er sein Gesicht den Gästen zuwandte, spöttisch die Zähne bleckte und sagte: »Ist das tatsächlich der oft gerühmte Thor? Ich hätte nie gedacht, daß du so ein kleiner Wicht bist.«

Der Angesprochene zauste seinen roten Bart und blickte zornig.

»Oder vermagst du mehr, als deine schmächtige Gestalt vermuten läßt?« fuhr Utgard-Loki fort. »Und wodurch zeichnen sich deine Gefährten aus? Jeder hier im Saal soll eine Fertigkeit besser beherrschen als die meisten Männer.«

Loki war hungrig wie ein Wolf, trat vor und sagte: »Hier im Saal sitzt niemand, der so schnell essen kann wie ich.«

»Wenn du so gefräßig bist«, sagte Utgard-Loki und rief einen Mann von einem Platz nahe der Tür, wo jene Leute saßen, die sich noch am wenigsten hervorgetan hatten. Dieser Mann hieß Logi, trat in die Mitte des Raumes und sollte sich mit Loki messen. Dann wurde ein großer Holztrog hereingetragen, auf den Boden der Halle gesetzt und mit Frischgeschlachtetem gefüllt. Loki aß von einem Ende des Troges, Logi vom anderen. Jeder schlang so rasch er konnte. Und sie trafen sich genau in der Mitte des Troges; aber während Loki das ganze Fleisch von den Knochen genagt, hatte es Logi samt

Knochen und Trog verschlungen. Alle sahen, daß Loki im Wettstreit unterlag.

»Und worauf versteht sich dieser junge Bursche?« fragte Utgard-Loki Thjalfi.

»Ich laufe mit jedem um die Wette, den der König bestimmt«, erwiderte Thjalfi.

Wenn er hier bestehen wolle, müsse er gut vorbereitet sein, meinte Utgard-Loki, stand auf und trat hinaus, von den anderen gefolgt. Auf einem ebenen Feld wurde für eine Rennstrecke ein Pfahl in den Boden gerammt. Und Utgard-Loki rief einen kleinen Kerl herbei, der Hugi genannt wurde.

Beim ersten Rennen war der Kleine so weit voraus, daß er Thjalfi am Pfosten, der als Ziel diente, bereits wieder entgegenkam. Da sagte Utgard-Loki: »Willst du gewinnen, mußt du deine Beine rascher bewegen. Aber tatsächlich übertraf dich noch kein Gast an Schnelligkeit.«

Als beim zweiten Lauf der Kleine den Pfahl erreichte, fehlte Thjalfi noch eine reichliche Pfeilschußweite bis zum Ziel.

»Thjalfi lief gut«, sagte Utgard-Loki, »aber ich glaube nicht, daß er den Wettstreit gewinnt. Der dritte Lauf entscheidet.«

Thjalfi rannte so schnell wie nie. Aber als der Kleine den Pfosten erreichte und zurückkehrte, hatte Thjalfi noch nicht die Hälfte der Strecke geschafft und damit verloren.

Vor Zorn über die Niederlage seiner Gefährten schüttelte Thor seinen Bart und wollte sein Ansehen durch eigene Taten wiedergewinnen. Den größten Trinker aller Welten plagte brennender Durst. Und so stellte er sich einem Wetttrinken: »Keiner hier im Saal leert ein Horn schneller als ich.«

Utgard-Loki rief einen Mundschenken, ließ ein Horn holen, das die Gefolgsmänner hier auszutrinken pflegten, und sagte: »Ein guter Trinker hier leert das Horn in einem Zug, einige schaffen es in zwei Zügen, aber es gibt keinen meiner Gefolgsleute, der es nicht in drei Zügen schafft.«

Das Horn erwies sich als nicht breit, aber ziemlich lang. Thor begann gierig zu trinken, nahm gewaltige Schlucke, und als sein Durst gestillt schien und er nicht mehr konnte, meinte er, nur einmal absetzen zu müssen. Als er hineinsah, war es aber noch reichlich gefüllt. Utgard-Loki tat auch überrascht: »Gut getrunken, aber leider noch zu wenig. Nach dem Ruf, der dir vorausging, hielt ich dich für einen weit größeren Trinker. Aber beim zweiten Ansetzen wirst du das Horn leeren.«

Statt einer Erwiderung setzte Thor das Horn an, trank soviel er überhaupt konnte – doch er vermochte die Spitze des Hornes nur ein Stück anzuheben. Als er dann doch absetzen mußte und hineinsah, schien die Flüssigkeit noch weniger abgenommen zu haben als beim ersten Mal.

»Was ist, Thor?« fragte Utgard-Loki. »Willst du das Horn beim dritten Versuch leeren, muß dein Durst am größten sein. Sonst werden wir dich nicht so rühmen wie die Asen.«

Thor zauste seinen Bart und schluckte in seinem Zorn so viel, wie er wohl noch nie getrunken hatte. Als er das Horn doch absetzen mußte, sah er es etwas weniger gefüllt als vorher. Thor wunderte sich darüber, daß die Flüssigkeit trotz seines mächtigen Trinkens kaum abgenommen hatte, und gab das Horn zurück.

»Nun hat sich gezeigt«, triumphierte Utgard-Loki, »die Macht der Götter ist nicht so groß, wie ihr uns vorspiegelt. Oder willst du deine Stärke noch in anderen Wettkämpfen beweisen?«

»Ich werde meine Kraft auch auf andere Art zeigen«, erwiderte Thor. »Ich denke mir: Hätte ich in Asgard so mächtig getrunken, wäre ich erfolgreich gewesen. Welchen Wettkampf bietest du mir an?«

»Kleine Jungen«, erwiderte Utgard-Loki, »spielen bei uns manchmal mit einer Katze und heben sie hoch. Nur weil du beim letzten Vergleich unterlagst, trage ich dir das an.«

Kurz darauf sprang eine graue, recht große Katze in die Mitte der Halle. Thor packte das Tier mit der Hand unter dem Bauch und wollte es anheben, doch die Katze sträubte sich, und je stärker er sie nach oben drückte, desto mehr krümmte sie ihren Rücken. Erst als Thor alle Kraft aufbot und sich streckte, mußte die Katze einen Fuß vom Boden heben. Mehr erreichte Thor nicht in diesem Wettkampf.

»Dieses Ende habe ich erwartet«, sagte Utgard-Loki, »die Katze ist ziemlich groß und Thor gegen meine Männer ein Knirps.«

Thor geriet über diese Demütigung in Asenzorn und rief: »Nennt ihr mich auch klein, so schickt mir einen Mann her zum Ringkampf!«

Utgard-Loki sah die Bänke entlang: »Auch für die schwächsten meiner Männer wäre das eine Kleinigkeit, versuche es erst mit einem Weibe. Ich rufe meine Amme Elli, die bezwang schon Männer, die waren stark wie du.«

Bald trat eine uralte Frau in die Halle. Thor erwog, ob

es ihm als stärkstem Gott angemessen wäre, mit einer Frau, dazu einer gebeugten, zu ringen. Schon dieses Ansinnen war eine Schmähung, aber nach den Niederlagen mußte er in diesen unwürdigen Kampf einwilligen und zweifelte nicht an seinem Sieg.

Doch je härter Thor dann zupackte, desto fester stand die Alte; wie eine Säule, an der er vergeblich rüttelte. Und dann griff die Gebeugte an, versuchte Thor ein Bein zu stellen. Die Alte und Thor rangen erbittert, schleuderten sich hin und her; dann zwang sie Thor dazu, daß er mit einem Bein zu Boden ging.

Da trat Utgard-Loki hinzu, brach den Kampf ab und sagte: »Mit einem meiner Männer zu ringen wird nicht mehr nötig sein.« Thor lehnte ohnehin weitere Kämpfe ab.

Inzwischen dunkelte es. Utgard-Loki wies Thor und seinen Begleitern Plätze für die Nacht an und lud sie zu einem Gelage. Die Riesen soffen und brüllten, daß die Flammen der Saalfeuer zitterten. Obwohl hungrig und durstig, rührten Thor und seine Gefährten Bier und Speisen kaum an.

Vor Sonnenaufgang standen Thor und seine Begleiter auf, kleideten sich an und wollten ihre Reise fortsetzen. Da begrüßte Utgard-Loki sie freundlich und ließ jedem einen Tisch decken mit guten Speisen und reichlich Trinken. Nach dem Morgenmahl verließen die Gäste die Burg Utgard-Lokis, der sie bis vor das Burgtor begleitete. Und ehe er die Gäste verabschiedete, fragte er Thor: »Trafst du je einen, der mächtiger war als ich?«

»Mir widerfuhr derartiges noch nie. Aus welcher Welt bist du?«

»Da du nun vor der Burg stehst, sollst du die Wahrheit

erfahren«, antwortete Utgard-Loki. »Du wirst ohnehin nie wieder eingelassen. Hätte ich von deiner gewaltigen Kraft gewußt, die uns fast zum Verhängnis wurde, wäre dir mein Tor versperrt geblieben. Ich blendete eure Sinne. Der aus dem Walde trat und sich Skrymir nannte und das Proviantbündel mit zauberischem Eisendraht verschnürte – das war ich. Du schlugst dreimal mit dem Hammer nach mir. Der erste Schlag war der schwächste, aber bereits so stark, daß er meinen Kopf zerschmettert hätte. Doch er traf einen Berg, den ich zum Schutz davorschob. Siehst du da drüben den Berg mit den drei viereckigen Tälern? Das sind deine Hammerspuren, die tiefste rührt von deinem letzten Schlag. Auch bei den Wettkämpfen täuschte ich eure Sinne. Loki war sehr hungrig und aß ungewöhnlich rasch. Aber sein Gegner, der Logi hieß, war das wilde rasende Feuer und fraß samt Fleisch auch Knochen und Trog. Und jener, mit dem Thjalfi um die Wette lief, hieß Hugi und war mein Gedanke. Auch der schnellste Läufer würde ihn nicht einholen. Und als du das Horn ansetztest und das Getränk tatsächlich abnahm, schien mir das ein Wunder; denn das Ende des Hornes lag für dich unsichtbar draußen im Meer. Tritt an den Strand und sieh, wie der Wasserspiegel durch dein ungeheures Trinken gesunken ist – das heißt nun Ebbe. Auch daß du die Katze aufhobst, hätte ich für unmöglich gehalten. Das Tier erschien euch als eine Katze, aber es war die Midgardschlange, die um die Erde herumliegt. Wir alle zitterten vor Angst, als du dich aufrecktest und das Untier einen Fuß vom Boden lösen mußte – da war der Himmel ganz nah. Auch bei dem Ringkampf war es ein großes Wunder, daß du so lange widerstandest und nur mit einem

Bein aufs Knie gedrückt wurdest. Elli besiegt jeden, keiner kann sie je überwinden – denn Elli ist das Alter. Nun ist es Zeit«, fuhr Utgard-Loki fort, »daß wir uns trennen. Auch für dich ist das beste, uns nie wieder aufzusuchen. Ich werde meine Burg mit Täuschungen und anderen Künsten verteidigen, gegen die ihr keine Macht habt.«

Thor geriet in solchen Zorn, wie er ihn noch nie gekannt hatte, griff zu seinem Hammer und wollte zuschlagen – aber Utgard-Loki war nirgendwo mehr zu sehen. Da wandten sich Thor und seine Gefährten zur Burg zurück, um sie aufzubrechen. Doch sie sahen nur weite grüne Felder und keinen Wall mit Bohlenwänden.

Thor kehrte mit seinen Begleitern nach Hause zurück, in Sorge um den Bestand von Asgard und Midgard. Aber schon unterwegs entschloß er sich zu einer neuen Begegnung mit der Midgardschlange, die sein Hauptfeind werden sollte.

Dazu bot sich bald eine Gelegenheit.

25

Thor fischt nach der Midgardschlange

Die Asen hatten auf einer Jagd reichlich Wild erlegt, schleppten es heim und wollten ein Gelage halten wie nie. Mehr Bier als sonst war nötig.

Die Götter ritzten Runen in Zweige und warfen sie als Losstäbe, die verwiesen sie an Ägir, der genügend große Braukessel besitzen sollte. Thor ging zum Meerriesen und verlangte von ihm, für die Asen die nötige Menge Bier zu brauen. Ägir saß gerade am Strand, scherzte mit den Wellen, seinen Töchtern, und sah seine gute Laune durch die fordernde Art Thors gestört. Die Asen genossen auch bei Ägir nicht mehr solches Ansehen wie früher. Er dachte, wenn die Götter unmäßig saufen wollten, sollten sie ihr Bier selber brauen, und verlangte: »Beschafft mir erst einen Kessel, der groß genug ist, für euch alle Bier zu brauen.« Der Meeresriese kannte kein so großes Gefäß.

Die Asen besprachen im Rat, wie ein derartiger Kessel zu beschaffen sei. Zunächst wußte keiner einen Ausweg, bis Tyr sagte: »Im Osten wohnt mein Stiefvater, der weise Riese Hymir, der hat einen Kessel, der ist meilentief.« Thor war sogleich bereit, mit Tyr aufzubrechen und das gewaltige Gefäß herbeizuschaffen. Und so beschlossen es die Asen.

»Aber wie gewinnen wir den Meilentiefen?« fragte Thor.

»Mit Schläue«, erwiderte Tyr.

Hymir war der grimmigste Frostriese und herrschte über das Eismeer. Nur im Sommer drang genügend Licht über Schnee und stürmische Wogen, sonst war es an diesem Rand des Himmels grau und feucht wie Seehundshaut.

Vor Tagesanbruch verließen Thor und Tyr Asgard und fuhren mit Thors Bocksgespann, so schnell die Tiere zu laufen vermochten, bis zum Hof von Thjalfis Vater; dort stellten sie Zahnknirscher und Zahnknisterer ein, eilten über Schneefelder zum Gehöft Hymirs und traten in seine Halle. Nur die uralte Ahnin des Eisriesen mit ihren 900 Köpfen stand zwischen den Bänken. Der Riese

Hymir toste draußen irgendwo zwischen den Eisbergen. Aber seine Frau kam herzu. Und da erglänzte die düstere Halle von ihrem Kleid, das ganz aus Gold war, und von ihren weißblonden Brauen. Die anmutige Riesin begrüßte die Gäste freundlich und mit reichlich Bier. In ihrer Mädchenzeit war die Schöne Odin begegnet, hatte sich betören, dann verführen lassen und später Tyr geboren. Sie liebte ihren Sohn und genoß als Mutter des Kriegsgottes unter Riesenfrauen besonderes Ansehen. Gegen ihren Mann Hymir brachte ihr das manchen Vorteil, aber auch Verdruß und Mißgunst. Tyr vertraute ihr den Grund des Besuches an. Und sie versprach den Asen zu helfen, riet ihnen aber, sich hinter die Kessel zu setzen, die an einem Querbalken hingen; denn manchmal sei Hymir zu Gästen frostig, und wenn er in den Saal trete, zittere er nicht vor Kälte, sondern vor Geiz.

Tyr und Thor – beide fürchteten Hymir nicht – lehnten das Versteck ab und setzten sich auf eine Bank an der Giebelwand der Halle. Ihnen blieb Zeit, bei reichlich Bier mit Tyrs Mutter zu reden. Erst spät tapste der Riese zu seinem Gehöft. Die Gletscher dröhnten. Dann trat Hymir ein mit Jagdbeute. Eiszapfen klirrten an seinem langen und breiten Bart, der verbarg sein an der Brust festgewachsenes Kinn. Sprach Hymir, klang das wie das Knirschen von Eisblöcken.

Die anmutige Riesin begrüßte ihren Mann und suchte seinen frostigen Atem zu erwärmen. »Unser Sohn sitzt hier«, sagte sie, »nach langer Zeit und beschwerlicher Reise. Wie haben wir ihn erwartet! Neben ihm der Beschützer der Menschen.«

Hymir starrte in Richtung des Saalgiebels. Da zersprang der Pfeiler unter dem Blick des Eisriesen – und der starke Querbalken, an dem die Kessel hingen, brach. Acht Kessel krachten auf den Boden und gingen in Stücke. Nur einer war hartgeschmiedet und blieb unversehrt.

Thor und Tyr standen auf und traten in die Mitte der Halle.

Hymir beobachtete jede Regung des gefürchteten Riesentöters. Daß Thor in seiner Halle weilte, ließ Hymir Schlimmes ahnen. Doch er wahrte das Gastrecht, auch seines Stiefsohnes wegen. Drei Ochsen wurden um ihre Köpfe gekürzt, ausgeschlachtet und zur Kochgrube getragen, die Fleischstücke dann in Blätter gewickelt, in die große Grube zwischen Steine gelegt, die durch starkes Feuer fast glühten, mit Erde abgedeckt und erst herausgeholt, als sie gar waren. Von dem reichlichen Nachtmahl aß Thor allein zwei Ochsen. Das schien dem Riesen wohl mit Recht ungehörig, und er sagte zu ihm:

»Was wir morgen essen wollen, müssen wir gemeinsam fischen.«

»Wenn du mir einen Köder stellst, fahre ich mit aufs Meer«, erwiderte Thor.

»Da du beim Essen solche Stärke gezeigt hast, wirst du auch den Köder selbst beschaffen können. Draußen steht meine Herde«, sagte Hymir.

Thor ging zu der Herde Ochsen, die dem Riesen gehörte. Die Tiere, größer als gewöhnliche Stiere, grasten in der Nähe des Waldes. Das am höchsten gewachsene war schwarz und hieß Der auf den Himmel Losstürzende, seine Hörner rissen die ziehenden Wolken auf. Diesem Stier drehte Thor den Kopf ab und trug ihn zum Strand, wo Hymir das Boot bereits ins Wasser gezogen hatte. Der Riese blickte unwillig auf den blutenden Kopf seines besten Stieres und sagte grimmig zu Thor: »Wirst du nicht frieren, wenn ich so lange und so weit aufs Meer hinausrudere?«

»Ich rudere so weit vom Ufer weg, wie ich will«, erwiderte Thor. »Und woher weißt du, ob nicht du zuerst auf Umkehr drängen wirst? Und ob deine Ohren rot werden?« Dabei griff Thor nach seinem Hammer und wollte dem Riesen einen schallenden Schlag versetzen, unterdrückte aber seinen Zorn und senkte Mjöllnir. Klüger als früher, sparte er seine Kraft auf.

Dann wurden Köder und Geräte im Boot verstaut. Thor stieg hinten ein, nahm zwei Ruder und legte kräftig los. Hymir ruderte im Vorderschiff. Die Ruder tauchten rasch und tief ein und brachten sie bald zu den Fischgründen, wo Hymir Flundern zu fangen pflegte. Der Riese holte das Ruder ein und griff nach seinem Angelzeug.

»Halt!« rief Thor, »ich will weiter hinaus.« Mürrisch legte Hymir die Schnur beiseite und ruderte mit Thor schnell und kraftvoll eine lange Strecke, bis Hymir erneut innehielt und warnte: »Nicht weiter, da lauert die Midgardschlange!«

»Du fürchtest deine Verwandte?« spottete Thor und bestand darauf, noch ein Stück weiter in die offene See zu gelangen. Hymir sträubte sich und ruderte kaum, so daß Thor sich doppelt anstrengen mußte. Endlich zog der Ase das Ruder ein; er glaubte, am Ziel zu sein. Der Riese breitete sein Angelzeug aus, um für die nächste Mahlzeit einen Wal zu fischen. Thor legte eine starke Schnur mit einem großen derben Angelhaken zurecht; an den steckte er den Stierkopf, von dem noch das Blut tropfte, und warf ihn über Bord. Der mächtige Köder fuhr bis auf den

Grund des Meeres. Die Midgardschlange witterte das Blut, schnappte nach dem Köder und biß sich den Angelhaken in den Gaumen. Thor spürte den Ruck in der Schnur und gab der Midgardschlange Leine. Eine Zeitlang geschah nicht viel, und Thor hielt seinen Hauptfeind für gefangen. Da riß das Untier plötzlich so heftig an der Schnur, daß Thor, sie festhaltend, mit beiden Fäusten gegen die Bordwand geschleudert wurde. Die Schlange hatte wohl ihren Fehler erkannt, wollte ihren Fänger in Sicherheit wiegen und sich unverhofft losreißen. Zornig fuhr Thor in seine Asenkraft, sofort wuchs auch seine Gestalt; er trat mit den Füßen gegen die Bordwand, daß er sie durchbrach und auf dem Meeresgrund zu stehen kam, sich gegen ihn stemmte und so die Midgardschlange aus der Tiefe bis an den Bootsrand zog. Thor blickte die Schlange scharf und durchbohrend an. Und das Untier stierte von unten her und spie Gift gegen ihn. Da der Köder ihr das Maul stopfte, konnte sie nicht gegen das Boot schnappen. Und Thor schwang bereits Mjöllnir und erinnerte sich, wie er die Midgardschlange angehoben und für eine Katze gehalten hatte. Jetzt hatte er sie überlistet, der Haken saß fest. Thor holte aus, daß die Luft über seinem Kopf surrte; aber er kostete seinen Triumph aus und ließ die Schlange seine Macht spüren, er genoß das Gefühl seiner Überlegenheit vielleicht einen Moment zu lange und achtete nicht auf Hymir, der vor Schreck zitterte und erbleicht war. Denn niemand soll Furchtbareres gesehen haben: wie das giftschillernde Untier und Thor sich gegenseitig anstarrten und sich mit Blicken zu bannen suchten, und wie die See ins Boot hinein, hinaus und wieder hineinschäumte. Als Thor endlich zuschlug, hatte der Riese mit seinem Ködermesser soeben die Schnur gekappt, und die Schlange versank im Meer. Thor warf Mjöllnir und glaubte, dem Weltfeind den Kopf vom Rumpf getrennt zu haben. Als der Hammer in Thors Hand zurückgekehrt war, hob er die Faust gegen den Riesen und traf ihn am Ohr. Hymir flog über Bord, und seine Sohlen waren das letzte, was im Wasser zu sehen war. Dann watete Thor an Land, brachte es aber nicht übers Herz, Hymir ersaufen zu lassen, und schleppte ihn mit ans Ufer.

Dann saßen Thor und der Riese mit einem roten Ohr nebeneinander triefend am Strand. Und ein kleiner Bach rann aus ihrer Kleidung ins Meer. Zwar hatte Thor die Midgardschlange an der Angel gehabt, aber Hymir noch keinen Fisch für das Nachtmahl, nur sein Boot verloren. Der Riese zog das zweite, das Seehengst hieß, mit neuem Angelzeug, zu Wasser. Diesmal blieben er und Thor dichter am Ufer. Hymir fing zwei Wale. Und als die Bootsfahrer an Land gingen, bat Hymir, Thor solle ihm die halbe Arbeit abnehmen, entweder das Boot festmachen oder die Wale an Land bringen. Da hob Thor das Boot samt Bordwasser, Ruder und Schöpfkelle, setzte es auf seine Schulter und trug es mitsamt den beiden Walen zu Hymirs Gehöft.

Thor und Hymir blickten dann von der Erhebung auf das Meer und sahen, wie die Midgardschlange sich draußen im Meer wälzte und das Wasser aufpeitschte. Sie würde sich an Thor rächen.

Dem stärksten Asen gelang es nur mit Mühe, seinen Zorn gegen den Riesen zu zähmen. Und Hymir sann darauf, Thor zu reizen, und sagte in der Halle, noch ehe das Essen fertig war: »Du hast zwar starke Hände, was du beim Rudern, im Kampf gegen die Schlange und beim

Tragen der Wale zeigtest, aber nicht solche Macht, meinen Kelch zu zerbrechen, denn das vermag niemand.«

Da nahm Thor den Kelch, warf ihn im Sitzen gegen die steinerne Säule und zerschmetterte sie. Das Glasgefäß wurde Hymir unversehrt zurückgebracht.

»Auch gegen die Midgardschlange vermochte Thor nichts«, sagte Hymir schadenfroh zu seinem Stiefsohn Tyr. Dessen Mutter beugte sich neben Thor und flüsterte ihm ins Ohr:

»Wirf den Kelch gegen Hymirs Kopf, nichts ist so hart wie der.«

Thor stand auf, nahm seine ganze Asenkraft zusammen und schleuderte den Kelch mit seinem Haß gegen Hymirs Stirn. Die bekam keine Schramme, aber das Gefäß zerplatzte.

»Der Kelch war mein kostbarstes Stück!« klagte der Riese und trank keinen Schluck Bier mehr. »Mit ihm ging das Glück von mir. Und die Kunst, würziges Bier zu brauen. Nie wieder werde ich meinen Kelch an die Lippen heben!«

»Der Braukessel wird verstauben«, warf Tyrs Mutter ein.

»Schafft ihn vom Hof!« rief der Riese. »Nur eine Bedingung stell ich: Tragt ihn.«

Zweimal rückte Tyr an dem gewaltigen Bottich und brachte ihn keinen Fingerbreit vom Fleck. Da packte Thor ihn am Rand, hob den Kessel mit einem gewaltigen Ruck an und stülpte ihn über den Kopf, daß die Kesselringe gegen seine Waden klirrten.

Dann machten sich die Asen auf den Heimweg und waren zwischen den Steinhängen noch nicht lange unterwegs, da hörten sie hinter ihrem Rücken Kiesel rollen und knirschen. Tyr sah, wie aus Höhlen und Geröllhalden Hymirs vielköpfige Kriegerschar kroch und gegen sie vorrückte, sich wie eine Steinlawine heranwälzte, graue und klobige Gestalten, wie Felsklötze, in ihrer Mitte Hymir.

Thor setzte den Kessel ab, griff nach Mjöllnir und zerschmetterte die Verfolger, auch Hymir.

Thor und Tyr erreichten dann unbehelligt die Halle Ägirs, der nun bereit war, für alle Asen Bier zu brauen. Und die Asen hielten mit Ägir eines ihrer letzten großen Gelage, das ohne unheilvollen Streit zu Ende ging. Und einer wird wohl Bierrunen geschnitten haben, um Schäden des Rauschtrankes abzuwenden.

26

Balder träumt Unheil

Nachdem Tyr die Schwurhand verloren hatte, war ein neuer Rechtsgott erforderlich gewesen. Dazu wurde der Sohn Balders und seiner Frau Nanna erhoben, er heißt Forseti, der Vorsitzende des Gerichtes in seinem Saal Glitnir, Der Glänzende genannt; der Saal ist von goldenen Säulen gestützt und das Dach silbern. Dort sitzt Forseti die meisten Tage, schlichtet Streit und schafft neue Gerechtigkeit.

Trotzdem träumte Balder wieder Unheilvolles: der Fenriswolf riß an seinen Fesseln, daß Berge einstürzten und der Weltfeind freikam, er sperrte das Maul bis zum

Himmel auf und griff Odin an. Balder sah sich nicht von Riesen oder gierigen Wölfen bedroht, nein, seine eigenen Brüder warfen lachend Steine und Rohrstengel und trafen ihn.

Die Asinnen und Asen hielten lange Rat. Wenn der reinste und edelste Gott seinen Tod träumte, waren Asgard und Midgard in Gefahr. Odin geriet in große Sorge um seinen Sohn. Und Odin wurde ausgesandt, nach dem Sinn dieser Träume zu forschen. Die heiteren Götter kannten den Weg nicht zur Hel, wo eine Seherin wohnte. Nur Odin wußte den Weg, und der war nur auf Sleipnir zu wagen. Also legte der zauberkundigste Ase seinem Pferd das Sattelzeug auf, ritt nach Osten und hinab nach Niflheim.

Aus einer Höhle fuhr bellend Garm, der Hund am Eingang zum Totenreich; er nährt sich von frischen Leichen, und seine Brust glänzt blutnaß. Er umbellte Odin lange, aber der bissigste aller Hunde kam nicht an gegen den Reiter auf Sleipnir. Odin trabte weiter bis zum Tor der Hel – der Erdweg dröhnte – und kam zum Grabhügel der Völva, einer Seherin; die wollte er über die Zukunft befragen. Der Göttervater blickte nach Norden, hob den Zauberzweig, murmelte geheimnisvolle Sprüche.

Da öffnete sich der Hügel, und eine Stimme stieg aus der Tiefe: »Wer ist der Mann, der mich zu dem beschwerlichen Aufstieg nötigt? Ich war beschneit, Regen schlug mich, von Tau beträuft war ich und lange tot.«

Das Tor zum Totenreich stand offen. Odin blickte in die Empfangshalle. Überall glänzte Gold, sogar Teppiche waren durchwirkt damit. Odin antwortete der Seherin, die aus dem Hügel trat: »Ich heiße Vegtam, unterrichte dich gern über die Welten oben, wenn du mir sagst, wer hier festlich erwartet wird. Ein bedeutender Mann?«

»Für Balder ist Met gebraut«, erwiderte die Seherin, »ein ungemischter Starktrunk, noch deckt ein Schild ihn ab. Nun frag nicht weiter und laß mich ruhen.«

»Sprich weiter, Völva«, drängte Odin, »was Balder träumte, wird also geschehen? Wie sollen die Asen Midgard schützen und die Gestirne in ihren Bahnen halten? Wer wird Balder töten? Verhindern, daß er noch weiser wird?«

Die Seherin stand neben der Öffnung des Grabhügels und antwortete: »Höd wird Balder verbluten lassen. Nun weißt du genug, ich fahre in den Hügel zurück und werde schweigen.« Sie machte Anstalten, wieder in die Erde hineinzugehen.

»Schweig nicht, Völva!« rief Odin. »Wie sollen sonst die Asen Mut fassen. Wer wird Balder rächen, seinen Mörder auf den brennenden Holzstoß schicken?«

Noch einmal sprach die Seherin: »Du wirst eine Schöne betören, die wird Rind heißen, du wirst ihr beiliegen, und sie wird Vali gebären, in den Westsälen. Vali wird sich erst die Hände waschen, das Haar scheren und kämmen, wenn er Balders Mörder getötet hat. Aber nun sage ich nichts mehr und fahre wieder in die Erde.«

»Den Rächer zeuge ich?« fragte Odin.

Die Seherin war bereits ein Stück in den Hügel niedergefahren, nun hielt sie inne, und ihre Stimme klang gar nicht verwundert:

»Du bist nicht Vegtam, wie ich dachte, du bist Odin, der alte Gott, der oft Krieg zwischen den Königen stiftet.«

»Und du bist keine Völva, keine weise Frau«, hielt Odin ihr entgegen, »du bist die Mutter der drei Weltfeinde, des Fenriswolfes, der Midgardschlange und der Hel.«

»Nun reite heim«, sagte die Seherin, »und rühme dich keiner Kunde. Schicke keine Späher mehr, bis der letzte Winter anbricht.« Dann ging die Frau wieder hinab in die Tiefe. Und der Hügel schloß sich.

Odin stieg auf Sleipnir und ritt heim. Und das Pferd ging schwer, als schleppe Odin die Last eines Toten mit hinauf nach Asgard.

27

Loki beschimpft die Götter

Nach Odins Rückkehr aus dem Reich der Hel hielten die Götter lange Rat bei der Weltenesche.

Die Seherin wolle den Kreis der Götter sprengen, vermutete Thor.

Höd würde nie Balder, den er liebe, umbringen, eher hungere er sich zu Tode, sagte Tyr.

Wie solle ein Blinder jemanden erschlagen? fragte Frigg.

Heimdall sah in Höds Blindheit eine Gefahr.

Weissagungen seien Warnungen, meinte Idun, täten die Götter nichts, seien sie ihnen ausgeliefert.

Seherinnen reden das Unglück herbei, rief Freyja, seien die Worte einmal gesprochen, brauche man gegen sie dreifache Asenkraft.

Was die Mutter der drei Weltfeinde verkündete, müsse abgewendet werden, verlangte Odin.

Um die Befürchtungen der Asen zu zerstreuen, lachte Balder hell und ließ sein Antlitz strahlen. Höd nannte die Weissagung der Seherin die größte Bosheit, die je über eine Zunge kam, und die frechste Beleidigung der Götter. Die Mutter der Weltfeinde verrate ihre unheilvolle Absicht.

Heimdall mahnte die Götter zur Umsicht und warnte vor Loki. Schließlich hatte der Idun mit ihren Äpfeln und Thor waffenlos Riesen ausgeliefert. Loki handelte nur unbedacht, verteidigte Thor den Lästerer. Und wachse die Gefahr, brauche die Gemeinschaft der Götter jeden.

Die Asen entschlossen sich, nach einem Rat von Balder, zu Ausgleich und Versöhnung auch gegenüber Loki.

Da wurden die Asen vom Meeresriesen Ägir zu einem Gelage geladen. Ägir hatte von Balders schweren Träumen erfahren, wollte die Sorgen der Asen teilen und auf den Bestand der Welten trinken. Die Asen zogen gern in Ägirs Halle. Viele Alben kamen. Thor suchte eine dritte Begegnung mit der Midgardschlange. Auch Balder fehlte auf dem Gelage.

Ägir braute in dem Kessel, den Thor herangeschleppt hatte, reichlich Met und gab ein großes Fest. Im Saal, der von Gold hell wie Feuer leuchtete, saßen viele Gäste. Die Trinkhörner füllten sich von selbst. Hier, wo Riesen und Göttern aus einem Kessel eingeschenkt wurde, war eine Stätte des Friedens. Alle saßen einträchtig beieinander. Und Ägirs Diener achteten darauf, daß den Gästen nichts fehlte. Die Asen lobten den Diener Fimafeng. Das störte Loki, der die Feier langweilig fand. Er stritt sich mit Fimafeng, erschlug ihn und brach den für diese Stätte vereinbarten Frieden.

Die Götter griffen zu ihren Waffen, trieben den Totschläger aus der Halle und in den Wald. Der Friedensbrecher galt nun, wie es üblich war, für geächtet. Die Gäste stellten dann die Waffen beiseite und nahmen wieder ihre Trinkhörner.

Loki wußte von Thors Ostfahrt, wagte sich wieder vor die Halle und fragte den Diener Eldir, worüber die Asen redeten.

»Von Schwertern und Speeren, aber von dir kein gutes Wort«, wies der Diener ihn ab: »Und falls du die Asen anspuckst, werden sie den Spott an dir selber abwischen.« Da gab sich Loki reumütig. Der brave Diener glaubte ihm und ließ ihn in die Halle.

Die Asen schwiegen und hielten im Trinken inne; da sie auf Versöhnung bedacht waren, ergriffen sie den Geächteten nicht. Beisammen saßen Odin mit seiner Frau Frigg, Frey neben der schönen Freyja, beider Vater Njörd und Skadi, dann Bragi und seine Frau Idun, Thors Frau Sif und Gefjon, auch Tyr und Odins Sohn Vidar. Noch andere Asen und viele Alben hielten wartend ihre Trinkhörner.

Loki brach das Schweigen, klagte über seinen Durst nach dem langen Weg aus dem Wald und bat die Asen um einen Trunk Met.

Niemand rührte eine Hand. Da wurde Loki ungehalten, fand die Asen hochmütig und sagte: »Bietet mir einen Platz beim Gelage oder weist mich aus der Halle!«

Keiner antwortete, bis Bragi als erster dem Geächteten entgegentrat: »Für Friedensbrecher ist hier kein Platz mehr!« Bragi vergaß nicht, daß Loki seine Frau Idun einmal dem Riesen Thjazi ausgeliefert hatte.

Ägir und seine Gäste erwarteten, daß Loki daraufhin die Halle verließe.

Aber die Zurechtweisung brachte Loki auf, und er erinnerte Odin an die uralte Gemeinschaft mit ihm: »Weißt du noch, Odin, als wir in der Frühzeit unser Blut mischten. Und du wolltest allein kein Bier trinken, würde nicht auch mir welches gereicht.«

Die hellen Lichtalfen, die am Rande der Halle saßen, fanden Loki ungehörig und erwarteten, daß Odin ihm die Tür wiese.

Doch Odin bat für Loki um einen Platz. Vidar stand auf und schenkte Loki Bier ein. Auch einige Asen fragten sich: Tat Odin das aus Großmut? Oder fühlte er sich Loki durch Blutsbande verpflichtet?

Loki nahm das ihm gereichte Trinkhorn, wünschte allen Asinnen und Asen Glück – nur Bragi nicht.

Der Gott der Dichtung mochte keinen weiteren Streit und bot Loki zur Versöhnung ein Pferd und einen Ring.

Aber Loki wies die Geschenke zurück und begann zu lästern:

»Du bist feige im Kampf, wie wolltest du da Pferd und Armringe erbeutet haben.«

Bragi geriet in Zorn und wäre auf Loki losgegangen, wenn ihn nicht der vereinbarte Friede in Ägirs Halle geschützt hätte: »Sonst hielte ich deinen Kopf in der Hand und zahlte mit ihm deine Lüge.«

Loki lachte höhnisch: »Du bist tapfer nur in deinen Versen, aber nicht mit dem Schwert« und forderte Bragi auf, mit ihm hinauszutreten und das Schwert zu kreuzen.

Idun ging dazwischen und besänftigte ihren Mann.

Loki leerte ein neues Horn, was seine Zunge mehr und mehr löste; nun griff er auch die Vermittlerin an: »Du bist von allen Frauen die mannstollste, schlangst deine Arme sogar um den Mörder deines Bruders.«

Diese Beschuldigung war zu grob, um ernst genommen zu werden. Idun brachte den bierberauschten Bragi davon ab, mit Loki vor der Halle zu kämpfen.

Gefjon, durch Balders Träume auf Einigkeit bedacht, nahm Loki sogar in Schutz: »Ihr wißt doch, daß Loki zum Scherzen neigt. Er liebt die Götter.«

Nicht nur Alben, auch einige Asen lachten.

Nun griff Loki Gefjon an: »Ein Milchbart schenkte dir Schmuck, du schlangst dafür die Schenkel um ihn.«

Die Lichtalfen auf den unteren Bänken murrten gegen diese Lästerung und verlangten ein Machtwort Odins, und der stellte sich schützend vor Gefjon, die als rein wie der Morgentau gilt. Da scheute Loki nicht einmal vor Odin zurück: »Wann verteilst du das Kriegsglück gerecht? Läßt meist den Schwächeren siegen.«

Es wurde so still in der Halle, daß die Gäste das Bier schäumen hörten.

»Nicht einmal ich weiß, wann uns die Weltfeinde angreifen werden, deshalb rufe ich die Tapfersten nach Walhall«, begann Odin und wandte sich dann gegen Loki: »Du haustest acht Winter unter der Erde, molkst Kühe, wurdest selbst zur Kuh und dann zum Weibe, das Kinder gebar. Du verschlangst ein verkohltes Weiberherz, wurdest wieder schwanger und preßtest Unholde aus der Öffnung zwischen deinen Schenkeln.« Dieser Vorwurf war als einziger schlimmer als Feigheit.

Die Lichtalfen murmelten vor Genugtuung. Einige Asen schlugen zustimmend ihre Waffen gegeneinander.

Frigg fand die Erwiderung Odins zu schroff und versuchte den Streit zu schlichten: keiner solle im Kot des anderen rühren, den er irgendwo verkleckert habe.

Aber Loki kam die Schärfe gerade recht, und so griff er auch Frigg an: »Du zitterst vor Lust auf Männer und gabst auch Odins Brüdern Vili und Vé deine Brüste.«

Nun mahnte Freyja Loki zur Mäßigung beim Trinken und Reden, denn sie wisse von seinem Schicksal und könne sein Ende verkünden.

Das stachelte Loki an, auch die angesehenste Göttin zu beschimpfen: mit jedem hier in der Halle habe sie ihre Lust geteilt. »Und bei deinem Bruder furztest du dabei laut.«

Njörd nahm seine Tochter Freyja in Schutz: »Warum sollte eine Ehefrau keinen Liebhaber halten? Wem schadet das?« Da leerte Loki ein weiteres Trinkhorn, verlor alles Maß und wandte sich gegen Njörd, den friedfertigsten Gott: Als Geisel auf dem Weg zu den Asen hätten die Töchter des Riesen Hymir den Vanen gezwungen, den Mund zu öffnen, und hineingepißt wie in einen Nachttopf.

Lärm übertönte das letzte Wort. Einige Asen griffen zu ihren Waffen und wollten die Beleidigung des versöhnlichsten Gottes sühnen. »Warum seid ihr so nachsichtig?« rief Skadi. Aber Tyr legte mit der Linken sein Schwert beiseite und hielt die anderen zurück.

Dafür griff Loki ihn an: »Deine Frau war willig, als ich ihr ein Kind machte: Und du bekamst nicht einmal eine Elle grobes Tuch als Buße für diese Schmach.«

Tyr umklammerte wieder den Griff seines Schwertes und erwiderte: »Wenn du nicht gleich dein Maul hältst, wirst du Unheilsschmied in Fesseln liegen, so wie der Fenriswolf, dein Sohn.«

Heimdall mißtraute Loki bereits seit dem goldenen Zeitalter; und ihm fiel es schwer, die Abmachung im Rat einzuhalten. Obwohl der Lästerer auch ihn beschimpfte, zwang Heimdall sich zur Güte: »Loki, du bist betrunken und nicht bei klarem Verstand. Sei still, du schwätzt dich um deinen Kopf!«

Aber zum Dank für die Ermahnung hielt Loki Heimdall vor, er lasse sich als Wächter draußen bei Wind und Wetter den Buckel naßregnen. Da stellte sich Skadi vor Loki auf – sie überragte ihn um einige Köpfe – und rief: »Schweig endlich, Loki, sonst werden die Götter dich fesseln auf einer reifkalten Felskante, mit den Därmen deines Sohnes!«

»Fröhlich warst du, als du mich in dein Bett einludst«, sagte Loki. »Dabei schlug ich als erster und letzter zu, als wir deinen Vater Thjazi töteten.«

Da zog Skadi ihr Schwert. Und hätte Odin nicht ihren Arm umklammert, wäre Lokis Blut geflossen.

Sif bot die letzte Geste der Versöhnung, trat vor, schenkte in einen Kristallkelch Met und sagte: »Heil, Loki, trink den gefüllten Kelch und laß eine von den Asinnen spottfrei.«

Loki nahm den Kelch, trank daraus und erwiderte: »Du wärst die einzige, wenn du sie wärst. Doch ich kenne einen, der trieb es sogar mit Thors Frau: der listige Loki.«

»Aber wenn Balder hier im Saal säße«, unterbrach Frigg, »wagtest du auch dem ins Gesicht zu spucken?«

Einige Augenblicke schwieg Loki.

»Hindertest du ihn zu kommen«, fragte Odin, »weil es keine Gemeinheit gibt, die auf ihn paßt?«

Unschuld sei seine größte Schwäche, entgegnete Loki, und die werde einst seine größte Schuld werden. Nur Odin verstand diesen Satz ganz.

Inzwischen polterte Donner, als preschte ein Wagen auf holpriger Straße heran.

»Endlich Thor!« rief Sif.

Der Sohn der Erde stampfte in Ägirs Halle, zauste seinen wallenden Bart, senkte seine Brauen, blickte kampfeslustig. In den Gesichtern der Asen klebte noch Lokis Spott. Und von denen der Asinnen las Thor Lokis Beleidigungen ab. Thor trug vom Kampf gegen die Riesen noch den Kraftgürtel, hob Mjöllnir und drohte Loki: »Soll mein Hammer dir das Maul schließen.«

Loki wich nicht vor Thor: »Wirst du auch so mutig sein, wenn die Midgardschlange dich zum dritten Kampf fordert?«

»In die Luft werf ich dich, so hoch, daß du nie wieder herunterkommst!« entgegnete Thor.

»Wenn du das nächste Mal im Handschuh eines Riesen übernachtest, wirst du vor Angst nicht einmal zu atmen wagen.«

Thors Bart bebte vor Zorn. »Ich schlag dir deine Knochen so klein, daß der Wind sie wegbläst!« Thor packte den Stiel seines Hammers so fest, daß seine Knöchel weiß wurden: »Jetzt wird dir Mjöllnir das Maul stopfen und den Kopf vom Halse hauen, im Staub werden deine Lippen keine Lüge mehr finden.«

»Meine Zunge war noch nie so frei wie diese Stunde«, rief Loki zurückweichend. Warum geben die Asen keine Laster zu? Sie spiegeln ihren Ruhm auf Gold und in edlen Steinen.

Thor trieb Loki vor sich her, und von der Tür rief der Lästerer zurück: »Ägir, zwar wirst du noch Bier brauen, aber nie wieder ein Gelage halten. Feuer wird alles fressen, was hier im Saale ist. Und der große Brand versenge dir den Buckel.« Dann lief Loki mit seinen großen Schuhen auf und davon.

Thor, Heimdall, Bragi und Skadi verlangten, Loki sofort zu fassen und an eine Felskante zu fesseln. Doch Njörd, Frey und den Göttinnen war das zu grausam.

Loki werde noch weit Schlimmeres anstellen, prophezeite Heimdall.

Auch Balder war inzwischen zum Rat der Asen gekommen und meinte, Loki steche nur mit Worten, die Stärke der Götter liege in ihrer Großmut.

Später zur Rede gestellt, schob Loki die Bosheiten auf das Unmaß an Bier und bereute.

Und Balder wurde in allen Welten für seine Sanftmut gerühmt.

28

Odins König Harald Kampfzahn

Auch bei den Menschen werden Spottverse rasch zur Lästerung, nähren Zwietracht und Habgier. Und viele mächtige Männer versuchen ihre Nachbarn zu übertreffen mit schnelleren Pferden, schärferen Waffen, prächtigeren Bauten und schöneren Frauen.

Aus Eigensucht und Goldgier werden die Gelage lärmiger und maßlos. Ein mächtiger Mann tischt mehr und feinere Speisen auf als der andere. Jeder beschenkt seine Gäste reicher. Nach Prassereien werden Abfall in Flüsse und Seen geworfen. Das Wasser stinkt und fault. Und die Menschen nehmen sich keine Zeit mehr – auch nicht, um die Nägel ihrer Toten zu beschneiden, seit Urzeiten Pflicht der Gemeinschaft. Denn aus den zu langen oder unbeschnittenen Nägeln der Verstorbenen wächst Naglfar, das Totenschiff, mit dem einst die Weltfeinde angreifen werden. Und wegen der Nachlässigkeit der Menschen wird das Nagelschiff bald fertig.

Die Frostriesen werden dreister und werfen Stürme aus eigroßen Hagelkörnern gegen Midgard. Öfter steigt die Midgardschlange vom Grund des Meeres auf und verdirbt mit ihrem Gifthauch die Luft. Zweige von Yggdrasill verdorren.

Odin befragte den Kopf Mimirs, den der Göttervater sorgfältig in einer Kiste verwahrt, und entschloß sich, einen Dänen zum mächtigsten Heerführer zu machen.

Als ein dänischer König mit seiner unfruchtbaren Frau zur großen Opferstätte nach Uppsala zog und um einen Sohn bat, gewährte Odin ihm den – nach der Geburt wurde er Harald genannt.

Der Junge war schöner und stärker als seine Altersgefährten. Nach dem Tod seiner Eltern fürchteten Freunde Anschläge auf den jungen König und baten in einem großen Zauber, daß ihn – wie es hieß – kein Eisen mehr beißen könne. Odin gewährte diese Unverwundbarkeit. Und so zog dann Harald statt mit einem undurchdringlichen Panzer im Purpurmantel seinen Bewaffneten voran; ein goldbesticktes Band hielt Haralds Haar. In seiner Nähe stumpften Pfeile und Messer seiner Gegner.

Aber von Verletzbarkeit durch Holz soll sein Name Kampfzahn herrühren. Als Bettler verkleidet schlich sich der junge König zur Hochzeit des Mörders seines Vaters. Im Kampf schlug der Bräutigam Harald mit einem Holzprügel zwei Zähne aus. Danach sollen rasch zwei Bakkenzähne nachgewachsen sein. Harald wurde auch Kampfzahn genannt, weil er viele Kriege führte, in denen er sich aber großherzig zeigte. Als er einem bedrängten Kleinkönig half, den seine Schwester mit einem Heer unterworfen hatte, wies Harald Geschenke für den Sieg zurück. Der Ruhm sei ihm genug Lohn, meinte er – das vermehrte sein Ansehen.

Harald suchte den Kampf, auch gegen drei jüngere Königsbrüder aus Schweden, die den Dänenkönig angriffen. Kampfzahn warf die Losstäbe, um den Ausgang des Krieges zu erforschen. Da trat ein ungewöhnlich großer, einäugiger Mann in einem blauen Mantel vor ihn hin, nannte sich Odin und lehrte ihn, die Kämpfer in drei Keilen nebeneinander aufzustellen, wie drei Eber, der mittlere etwas größer als die beiden an seiner Seite. Mit dieser neuen Schlachtordnung siegte Harald über zwei der königlichen Brüder. Da er den dritten nicht bezwingen konnte, gewann er ihn zum Bundesgenossen und schloß mit ihm Blutsbrüderschaft. Und der Schwede nahm eine Schwester Haralds zur Frau.

Aus zahlreichen Ländern strömten Kämpfer in Haralds Heer. Für die bestimmte Harald strenge Regeln: Keiner durfte, so groß auch die Gefahr, Angst durch einen Laut oder andere Art zeigen; sah ein Kämpfer einen Hieb kommen und zwinkerte aus Furcht mit dem Lid, wurde er aus der Kriegerschar ausgestoßen. Verwundete durften vor Schmerz nicht stöhnen und sich erst nach vierundzwanzig Stunden blutige Wunden verbinden lassen.

Harald Kampfzahn bezwang die dem Rhein benachbarten Völker und erlegte ihnen einen Zins auf. Dann siegte er in Britannien. Danach zog er gegen die Slawen und ließ deren Anführer wegen ihrer Tapferkeit nicht erschlagen, sondern binden und nahm sie dann in seine Gefolgschaft auf. Als der friesische Anführer Ubbo in Jütland einfiel und Bauern ermordete, konnte Harald den Tapferen nicht mit Waffen niederstrecken, da ließ er ihn überwältigen und binden. Und nach dieser schimpflichen Niederlage gab Harald ihm eine Schwester zur Frau und nahm auch ihn in seine Gefolgschaft auf. Ubbo dankte das mit besonderer Treue.

Nachdem Harald sein Land geeint und die Nachbarn unterworfen oder in ihre Grenzen gewiesen hatte, behielt er ein starkes Heer und erzwang dadurch fünfzig Jahre Frieden. Kein König der Nachbarschaft wagte mit einem anderen Krieg zu führen. Durch eine mächtige Flotte wahrte er auch Frieden auf den Meeren.

In dem langen Frieden blühte das Land. Die Bauern lebten in Wohlstand. Handelsschiffe drängten in die Häfen. Für die Götter wurden prächtige Opferstätten errichtet.

Aber dann starb der schwedische König, mit dem Harald Blutsbrüderschaft geschlossen und dem er seine Schwester zur Frau gegeben hatte. Beider Sohn Ring wurde König. Und Harald pflegte mit diesem Neffen enge Freundschaft und weihte ihn in alle seine Unternehmungen ein. Die geheimen Botschaften überbrachte Haralds Vertrauter Bruno, mit dem der König aufgewachsen war.

Inzwischen wurde Harald gebrechlich und begann zu erblinden. Ihm wäre es schmachvoll gewesen, im Bett den Strohtod zu sterben. Odin bereitete für seinen Helden einen triumphalen Einzug in Walhall vor. Vielleicht währte Odin die Zeit ohne Krieg zu lange.

Bruno ertrank auf einer Reise von Dänemark nach Schweden in einem Fluß, der durch ein Unwetter reißend anschwoll. Und Odin nahm unbemerkt Gestalt und Namen Brunos an, fälschte Botschaften zwischen Harald und Ring, weckte Mißtrauen und Neid und verletzte ihre Ehre schließlich so, daß sie nur noch durch Krieg zu sühnen war. Odin hintertrieb ein Versöhnungstreffen beider Könige. Und so kündigten Harald und Ring ihre Freundschaft auf und rüsteten sieben Jahre zu einem gewaltigen Krieg. Odin reizte zu immer neuer Schlachtvorbereitung, ließ beide Könige um die größte Streitmacht wetteifern. Und es heißt, Harald habe nicht nur aus Haß gegen Ring Truppen gesammelt, sondern um mit einem möglichst großen Heer in Walhall einzuziehen und unsterblichen Ruhm zu erwerben. Aus allen Ländern strömten mehr und mehr bedeutende Kämpfer zu den beiden Heeren und wollten in der größten Schlacht, die es bis dahin geben werde, sich hervortun und Ehre gewinnen.

So kam es zur Bravallaschlacht.

Ein Kundschafter Rings beobachtete, wie Haralds Landheer Richtung Schweden zog und meldete seinem König, er habe die Spitze des feindlichen Heeres bei aufgehender Sonne und die Nachhut bei untergehender Sonne getroffen. Die aufgespannten Segel der riesigen dänischen Flotte versperrten den Blick auf den Himmel. Und über die zahllosen Boote, die sich im Sund zwischen Seeland und Schweden drängten, konnte man wie auf einer Brücke von Ufer zu Ufer gehen.

Drei ausländische Heere, die für Harald kämpften, wurden von Kampffrauen geführt. Zahlreiche starke und selbstsichere Mädchen und Frauen verweigerten damals den zugewiesenen Platz am Herd und in der Familie; ihr Drang nach Freiheit und Unabhängigkeit erfüllte sich als Schildmädchen oder Kampffrauen, als Anführerinnen oder gar Feldherrinnen. Die erste Heerführerin Haralds hieß Webiorg aus Schleswig, die zweite Wisma, eine strenge und kampferfahrene Frau; auch Hetha, die dritte, führte ihre Haufen in voller Rüstung zur Schlacht. Bedeutende Anführer fügten sich den erfahrenen und tapferen Feldherrinnen.

Harald Kampfzahn schickte einen sächsischen Anführer mit seinen Kriegern, die für die Dänen kämpften, zu Ring, um das Schlachtfeld, wie damals üblich, zu »haseln«, also mit Haselnußästen abzustecken.

Ring mußte seine Truppen, die bereits angerückt waren, zurückhalten und zur Besonnenheit ermahnen, bis alle für Harald kämpfenden Heere herangeführt und geordnet waren. Zu Rings Heeren gehörten bedeutende Kämpfer wie Throndar mit der großen Nase, Rethyr der Habicht, Rolf der Weiberfeind, Blihar die Stülpnase, Hallstein der Weise, Ruthar der Stammler, Alf der Weitgewanderte. Auch der greise Odinsheld Starkad kämpfte für Ring. Und zu den Anführerinnen gehörte das Schildmädchen Rusla.

Die Flotte Rings zählte 2500 Schiffe, ihre zahllosen Segel versperrten den Ausblick auf das Meer.

Ring rechnete mit einem Sieg über den inzwischen erblindeten König Harald; der saß wegen seiner Gebrechlichkeit in einem Kampfwagen, gelenkt von seinem Vertrauten Bruno. Und Harald bat Bruno, seine Heere zur Schlacht aufzustellen. So führte Hetha die rechte Flanke, und die Wisma wurde zur Bannerträgerin des Königs.

Dann wurde in die Hörner geblasen – das Feldgeschrei begann, und die beiden Heerhaufen stürmten aufeinander zu.

Die Pfeile flogen dicht wie Schneeflocken; Berserker schlugen mit im Feuer gehärteten Keulen Breschen in die Reihen der Gegner; die Schwerter krachten, der Boden dröhnte; die Wurfgeschosse der Schleuderer und der Hagel der Speere verdunkelte die Sonne; vom Waffenlärm erbebten die Bäume; Dunst stieg aus den Wunden und zog wie Nebel in den Himmel; Blut färbte die Bäche rot. Es war, als senkten sich Felder und Wälder, als stürze der Himmel auf die Erde, als bräche der Mond aus seiner Bahn. Die Kämpfer hieben, brüllten, erschlugen, als gingen Himmel und Erde im brausenden Unwetter unter, als kämpften die Götter gegen die Weltfeinde am Ende aller Zeiten.

Harald Kampfzahns Heer bedrängte das schwedische. Auch von den Kampffrauen, die für den dänischen König fochten, wurden viele Taten berichtet. Webiorg fällte bedeutende Feinde, hieb einem Kinnlade und Kinn entzwei, aber der Gegner zog den Bart in den Mund, biß hinein und hielt das Kinn oben. Wisma stürmte mit dem Banner Haralds voran, bis Starkad ihre rechte Hand abschlug. Am härtesten kämpfte Ubbo der Friese für Harald, focht mit beiden Händen, wie es König Harald früher selber getan, und seine Arme waren blutig bis zur Achsel; so trieb er Reihen der Schweden in die Flucht.

Das Heer Rings kam mehr und mehr ins Wanken, da setzte der Schwede seine telemarkischen Bogenschützen ein. Die Pfeile stoben wie ein Unwetter gegen die dänischen Schilde, durchschlugen sie wie Birkenrinde, durchbohrten Panzer und Helme und entschieden die

Schlacht. Und Ubbo der Friese sank erst zu Boden, als hundertvierundvierzig Pfeile in seiner Brust steckten.

Bruno berichtete Harald über das Gemetzel in seinem Heer. Da stemmte sich der blinde König auf die Knie, ergriff wie früher zwei kurze Schwerter, hieß den Wagenlenker Bruno die Pferde antreiben und streckte mit jeder Hand noch zahlreiche Feinde nieder. Dann fragte er Bruno, wie die Schweden ihr Heer aufgestellt hätten. In Eberstellung, erwiderte Bruno. »Die verriet doch Odin nur mir!« rief Harald. Als Bruno darauf schwieg, erschrak Harald und vermutete, daß Bruno Odin selbst sei. Anstatt Odin um den Sieg zu bitten, fügte Harald sich in das Unvermeidliche und ersuchte ihn nur, er möge ihn mit seinem ganzen Heer umkommen lassen, und weihte alle Toten auf dem Schlachtfeld seinem Gott. Harald warf erschöpft die Schwerter in den Wagen und griff, um weiterzukämpfen, nach seiner hölzernen Keule. Da stürzte Odin in Brunos Gestalt König Harald aus dem Wagen, entriß ihm seine Keule und erschlug ihn mit der eigenen Waffe. Dann wurde Bruno nicht mehr gesehen.

Ring erfuhr vom Tod des großen Königs und ließ sofort die Schlacht abbrechen. Die Männer Rings suchten nach der Leiche; das dauerte einen halben Tag, denn um Haralds Wagen lagen die Erschlagenen bis hoch zur Deichsel. Das Heer Rings verlor 12000 bedeutende Männer, das Heer Haralds 30000. Die toten Knechte hat keiner gezählt.

Ring spannte sein eigenes Pferd vor den Wagen Haralds, belegte es mit goldbestickten Decken und weihte es der Ehre seines Onkels. »Reite auf ihm in Walhall ein!« rief er und ordnete an, einen Scheiterhaufen zu errichten. Dann forderte er die Dänen auf, das goldbeschlagene Schiff des Königs in die Flammen zu tragen. Während die Leiche Harald Kampfzahns verbrannte, bat Ring auch seine eigenen Anführer, Waffen, Gold und andere Kostbarkeiten in die Flammen zu werfen.

Odin holte mit Harald Kampfzahn, den Gefallenen seines und Rings Heeres eine Streitmacht Einherjer nach Walhall wie an keinem anderen Tag, und so glaubte er sich für den Kampf gegen die Weltfeinde bestens gerüstet.

29

Wie es zum Kampf zwischen Heimdall und Loki kam

In der Spätzeit begannen selbst die Götter sich um ihren kostbarsten Schmuck zu streiten, um Freyjas Halsband Brisingamen. Anlaß gaben Gerüchte, welchen Preis die Göttin einst dafür bezahlt haben sollte.

In früher Zeit hatte Freyja einmal vier Zwerge besucht und lange zugesehen, wie die kunstfertigen Schmiede ein ungewöhnlich schönes Halsband hämmerten und mit breiten Edelsteinen besetzten. Das wollte die Göttin besitzen und bot seltenen Schmuck dafür. Sie hätten davon genug, antworteten die Zwerge und forderten als Preis, daß jeder von ihnen eine Nacht bei ihr liegen könne. Freyja wies die Zwerge wutschreiend ab. Aber als Brisingamen fertig war, stieg die Schöne wieder in die

Höhle hinab und ließ sich den Schmuck zur Probe um den Hals legen. Da wurde Freyja vom Glanz des Goldes und der Steine so geblendet, daß sie das Geschmeide unbedingt besitzen wollte. Und da die Schmiede auf ihrem Preis bestanden, soll Freyja sich jedem Zwerg eine Nacht hingegeben haben.

Davon erfuhr Odin. Auch Loki blieb das Gerücht nicht verborgen. Als die Götter noch einig waren, wagte niemand Freyja anzuklagen. Aber als die Mauern Asgards zu erzittern begannen, hielt Loki Freyja im Beisein einiger Asen die Verfehlung vor. Die Göttin stampfte so heftig mit dem Fuß auf wie nie, doch diesmal riß Brisingamen nicht, und Freyja schrie: »Die Zwerge lügen, weil ich sie aus meiner Kammer jagte!«

Vielleicht glaubte Odin der Göttin. Doch er nahm den Vorwurf zum Anlaß, Freyja zu strafen und den Schmuck an sich zu bringen; ohnehin versuchte der Göttervater in der Endzeit strenger und nach eigenem Willen zu regieren. Loki sollte Brisingamen stehlen. Balder saß mit in der Runde und riet dringlich davon ab: Freyja sei liebeskundig und mannesgierig; selbst wenn der Vorwurf berechtigt sei, habe die Tat keinem geschadet, am wenigsten den Betroffenen; ein Diebstahl des Schmuckes aber breche den Frieden zwischen den Göttern.

Auch dieser Rat Balders wurde nicht mehr befolgt. Und so schlich sich Loki nachts ränkesüchtig zu Freyjas Schlafgemach. Er fand es verschlossen, kehrte zurück und wollte den Auftrag abgeben. Doch Odin bestand auf seinem Willen: ohne Schmuck dürfe Loki nicht zurückkehren. Da wimmerte er und vergoß Tränen, und die Asen in der Halle freuten sich, daß der Lästerer in der Klemme saß. Loki mußte wieder hinaus in die Kälte.

Und vor Freyjas Schlafgemach verwandelte er sich in eine Fliege – eine ihm vertraute Gestalt –, suchte nach Ritzen in Tür und Wänden, fand keine, aber schließlich ein Loch am Giebel, so groß wie ein Nadelöhr, da schlüpfte er hindurch. Freyja schlief mit Brisingamen am Hals, lag aber auf dem Verschluß. Da verwandelte sich Loki in einen Floh und stach der Göttin in die Wange – Freyja wandte sich im Schlafe um, der Verschluß kam frei. Rasch nahm Loki wieder seine natürliche Gestalt an, löste den Verschluß, öffnete die Tür und schlich sich mit dem Schmuck davon.

Der Wächter Heimdall hatte Loki beobachtet und verlegte ihm den Weg zu Odin. Loki eilte zum Meeresstrand, verwandelte sich in einen Seehund, schwamm hastig auf eine Schäre und verbarg Brisingamen in einer Felsspalte. Heimdall, der auch nachts hundert Meilen weit sieht, entging das nicht, er nahm die gleiche Tiergestalt an und schwamm auf das Felsenriff. Loki saß über Brisingamen und verteidigte seinen Raub. Heimdall griff hart an. Beide Seehunde bissen sich blutige Wunden. Obwohl Loki List gebrauchte und täuschend sprang, unterlag er dem stärkeren Heimdall. Und um sein Leben zu retten, warf Loki Heimdall den Schmuck zu und schwor ihm Rache.

Heimdall brachte Freyja das Geraubte zurück. Die Ordnung der Welten war wiederhergestellt. Aber das erste Mal hatten zwei aus der Göttergemeinschaft auf Leben und Tod gegeneinander gekämpft.

Thor überlistet den weisen Zwerg Alvis

Als Thor von einer Ostfahrt zurückkehrte, saß ein Wicht mit bleichem Gesicht in der Halle Kraftheim in Asgard und sagte, er sei gekommen, endlich Thors Tochter zur Hochzeit in sein Reich zu führen; das sei ihm zugesichert.

Thor brauste auf und rief: »Zwerge haben kein Recht auf die Hand einer Asentochter!« Und von derartiger Abmachung wisse er als Vater nichts.

Der Zwerg hatte einst für andere Asen besondere Waffen geschmiedet. Dafür war ihm hinter dem Rücken Thors dessen Tochter versprochen worden. Lange hatte der Zwerg, obwohl er Alvis, der Allweise hieß, nicht gewagt, die Braut in seine Höhle zu holen, denn Verbindungen zwischen den verwachsenen Zwergen und Göttinnen galten in Asgard und Midgard als geschmacklos. Erst als auch bei den Asen Zwietracht aufkam, wagte sich der Zwerg nach Asgard; und dennoch fürchtete er den Hammer Mjöllnir. Doch Thor griff nicht einmal nach dem Stiel der Waffe und versprach dem Zwerg die Tochter, wenn er über die Welten alles wisse, was er ihn auch frage.

Der weise Zwerg hielt den scheinbar grobschlächtigen Thor für weit weniger klug als Odin und war sich seines Sieges sicher. Eine der vielen Fragen Thors lautete: »Woher kommt der Wind, den die Menschen nie selber sehen?«

Sofort antwortete der Zwerg: »Vom Riesen Leichenverschlinger in Adlergestalt. Breitet der seine Schwingen aus, entfacht er die Winde.«

So wußte der Zwerg auf jede Frage eine Antwort. Und je mehr Thor erfahren wollte, desto Treffenderes erwiderte der Zwerg. Stunde um Stunde verrann. Und die Fülle seiner Weisheit machte Alvis überlegen und versetzte ihn in einen Rausch. Und da übersah er den Morgendämmer, der über die Nacht heraufzog.

So fiel das erste Sonnenlicht in den Saal und traf das Gesicht des Zwerges.

»Zwar weißt du alles, Alvis, wirst aber trotzdem zu Stein«, sagte Thor und hatte ihn damit überlistet. Denn Tageslicht verwandelt jeden Zwerg zu Stein.

Das Gesicht des Wichtes Alvis wurde blasser und fester und dann hart und kalt.

31

Balders Tod

Balder träumte wieder seinen Tod.

Und als Balder über Land ritt, stolperte sein Pferd, verrenkte sich den Fuß und hinkte mit Bluterguß zurück. Auch das galt als Zeichen nahen Unglücks.

Die Asen hielten lange Rat und beschlossen alles zu tun, den reinsten und edelsten Gott zu schützen. Der verdächtigte Höd war vor anderen auf Balders Wohl bedacht und schlug vor, alle Wesen und Dinge sollten schwören, Balder nichts anzutun. Frigg nahm allen Dingen diese Eide ab. Balder zu schonen verpflichteten sich: Feuer und Wasser, Eisen und jederart Erz, die Steine und die Erde, die Bäume, Büsche und Hölzer, wilde und zahme Tiere mit vier Füßen, die Vögel, die Krankheiten und Gifte und bösartige Schlangen. Von allen Schwertern, Äxten, Hämmern, Speeren wurden gesonderte Eide gefordert. Auch die Waffen der Asen leisteten sie bereitwillig.

Nachdem das alles getan und bekanntgemacht war, erprobten die Götter die Eide auf ihre Festigkeit. Zuerst warfen sie kleine Steine, dann Wurzelstöcke, dann Felsbrocken und schließlich Speere. Balder blieb unversehrt. Nun vertrieben sich die Asen die Zeit damit, Balder in die Mitte der Thingstätte zu stellen und nach ihm zu stechen und zu hauen. Odin warf seinen Speer Gungnir, den nichts aufhielt, erst zaghaft; aber auch mit Wucht geschleudert, bohrte er sich vor Balders Füßen in den Boden. Und Thors Hammer Mjöllnir, der sein Ziel nie verfehlte, kehrte in Thors Hand zurück, ohne Balder eine Schramme zu schlagen. Diese Proben wurden bald zu Festlichkeiten bei reichlich Met. Und Odin begann an Balders Unverletzlichkeit zu glauben. Thor hielt ohnehin wenig von Weissagungen der Nornen und Balders Träumen.

Der edelste Ase galt nun endgültig als unverwundbar. Der Schein, den er um sich verbreitete, strahlte noch heller. Und Balder genoß dieses Ansehen.

Loki fand die Art, wie sich die Asen aufführten, anmaßend und selbstgefällig. Gleich dem fressenden Feuer litt er nichts Beständiges. Vielleicht nahm er auch aus Neid und Bosheit die Gestalt einer alten Frau an und ging zu Frigg in ihre Halle Meer-Säle. Der verwandelte Loki heuchelte Sorge, ob Balder nicht doch ein Geschoß treffen könne.

»Es schworen selbst Reifriesen und grimmige Bergriesen«, beteuerte Frigg.

»Du nahmst allen Dingen und Wesen Eide ab?« vergewisserte sich die Alte.

»Auch der schärfsten Schneide«, erwiderte Frigg, »und ein Gott starb noch nie.«

Die Alte beugte ihren Rücken noch eine Handbreit tiefer, die Welten wurden ein Stück älter. »Wüßte ich«, sagte Loki in Gestalt der Alten, »wen du übersahst, könnte ich Balder schützen.«

Frigg dachte nach und erinnerte sich: »Westlich von Walhall steht ein Mistelzweig, der war noch viel zu jung, um einen Eid von ihm zu fordern.«

Die Alte ging und verwandelte sich; Loki begab sich an die genannte Stelle, brach den Mistelsproß und eilte damit zur Thingstätte.

Zwei Asen schossen gleichzeitig auf Balder, Tyr schleuderte den Speer, und Thor warf Mjöllnir. Balder lachte hell, wie man es von einem Gott des Lichtes erwartet. Wieder wurde reichlich Met in die Trinkhörner nachgeschenkt. Unbekümmertheit des goldenen Zeitalters kehrte zurück. Thor hielt in jeder Hand ein Trinkhorn. Alle, auch Odin, lachten erleichtert, daß die Gefahr gebannt war. Nur Heimdall erhob gegen diese Proben Einspruch, kam aber im Rat gegen alle anderen nicht an und wachte trotzig neben der Asenbrücke Bifröst. Goldbeschlagene Schilde glänzten auf dem Thing, silberverzierte Waffen blitzten in der Sonne. Einige Asinnen trugen Purpurgewänder. Auch die vorsichtigen Göttinnen verloren ihre Ängste, zeigten ihr Geschmeide mit hellfunkelnden Steinen. Frauen kreischten lustvoll und mannessüchtig.

Loki starrte auf die Jubelnden und geriet in Zorn. Wie rasch vergaßen die Asen die Gefahr! Selbst Odin schien den Eiden zu trauen. Vielleicht zürnte Loki am meisten Balder, weil ihm seine Unverwundbarkeit so gewohnt geworden war wie das Licht der Sonne. Loki trat zu Höd, der außerhalb des Ringes stand, den die Männer um Balder bildeten, und fragte ihn: »Warum schießt du nicht auf Balder?«

»Weil ich nicht sehe, wo Balder steht. Außerdem bin ich waffenlos«, antwortete der Blinde.

»Ich werde dir Balders Platz zeigen«, entgegnete Loki. »Hier, nimm diesen Zweig und schieß!«

Höd ergriff den Schößling und spürte, wie dünn er war und wie er zitterte. Da begannen auch Höds Knie zu zittern, denn er erinnerte sich an die Prophezeiung der Völva und an den schwankenden Rohrstab, den Starkad gegen König Vikar geschossen hatte.

»Wirf doch wie die anderen Männer«, ermahnte Loki Höd.

Als der Blinde weiter zögerte, flüsterte Loki ihm zu: »Einige Asen sehen her und wundern sich, warum du Balder nicht die Ehre erweist.«

»Wurde kein Gegenstand beim Beeiden vergessen?« vergewisserte sich Höd.

»Sogar Mjöllnir und die Giftpfeile der Riesen richten gegen Balder nichts aus«, erwiderte Loki.

Höd hatten Gelegenheiten gefehlt, sich Ansehen zu erwerben. Also nahm der Blinde jetzt alle Kraft zusammen, die er in den Jahren aufgespart hatte, und warf den Zweig in die Richtung, die Loki ihm wies.

Balder fiel durchbohrt zu Boden.

Die Asen – außer Odin – schrien vor Vergnügen, weil Balder auf das Spiel einzugehen schien, sich von dem dünnen Zweig zu Boden werfen ließ und tot stellte. Der

Göttervater aber begriff sofort. Hatte der einäugige Weise Höd einen Vogelschrei lang aus den Augen verloren, hatte er den Mistelzweig übersehen?

Höd wußte nicht, wie nahe Balder gestanden hatte, und erschrak, als der Jubel mit einem Male verstummte. Die Asen verloren die Sprache, als sie sahen, wie das Blut aus Balders Brust rann. Nicht ein Wort des Schmerzes war da, als die Götter merkten, daß Balder tot war – so groß war ihr Entsetzen. Und die Hände, Balder aufzuheben, sanken herab. Die Asen sahen einander an und dachten nur an eines: die Tat zu rächen. Aber der Friede auf der Thingstätte war unantastbar. Und als die Asen doch miteinander reden wollten, erstickte Weinen ihre Worte.

Odin war am meisten bestürzt; denn keiner begriff mehr als er, was Balders Tod für die Asen und den Bestand der Welt bedeutete. Es war die schlimmste Tat, die Göttern und Menschen je zugefügt wurde.

Nanna, Balders Frau, krümmte sich vor Schmerz und glitt auf einen Stein.

Auch Loki stand reglos. Gefaßt und zur Rede gestellt, beteuerte er: damit Sorge und Umsicht zurückkehrten, habe er Balder ritzen wollen. Wie könne ein schmaler, zitternder Zweig einem Gott zum Töter werden?

Kein Ase glaubte Loki. Er galt als Anstifter zum Mord.

Dann trugen die Asen Balders Leiche zum Meeresstrand und wollten sie in seinem Schiff bestatten; es hieß Hringhorni, Das mit einem ringförmigen Horn – ein Zeichen der Sonne. Aber so sehr die Götter gegen die Planken drückten, sie brachten das Schiff keinen Fingerbreit vom Platz. Da wurde nach der starken Riesin

Hyrrokkin, Der im Feuer Gerunzelten, gesandt. Sie war sofort zur Hilfe bereit. Die Riesin ritt auf einem Wolf herbei und hielt ihn mit Giftschlangen als Zaum. Odin rief vier Berserker, um das Reittier zu halten. Es gelang ihnen nur, indem sie es zu Boden warfen. Die Riesin ging zum Schiff und stieß es mit dem ersten Ruck zum Wasser, daß Funken aus den Walzen stoben und der Strand erbebte. Den Lärm und das leichte Erdbeben sah Thor als Entweihung, griff zornig nach seinem Hammer und drohte, der Riesin den Schädel einzuschlagen. Aber die anderen Götter beteuerten deren gute Absicht, baten um Frieden für sie und besänftigten Thor.

Balders Leiche wurde auf das Schiff getragen und auf einen Holzstoß gebettet. Nanna, die dabeistand, konnte sich von ihrem geliebten Mann nicht trennen – und da zersprang ihr das Herz. Nanna wurde auf das Schiff getragen und neben Balder gelegt. Dann wurde das Feuer entzündet.

Thor stand neben dem Schiff, hob Mjöllnir und weihte den Scheiterhaufen. Dann rannte ihm ein Zwerg zwischen die Füße. Thor meinte, der Wicht störe die heilige Bestattung und stieß ihn mit dem Fuß ins Feuer, wo er verbrannte.

Zu der großen Totenfeier kamen viele und erwiesen Balder die letzte Ehre. Zuerst ist Odin zu nennen, er erschien zwar ohne Sleipnir, aber mit Walküren und Raben; neben ihm seine Frau Frigg. Frey fuhr mit seinem Wagen vor, gezogen von Gullinborsti, dem goldborstigen Eber. Heimdall ritt auf seinem Pferd Goldzopf. Freyja kam mit ihrem Katzengespann. Auch die anderen Asen erschienen zur Bestattung. Loki und Höd verbargen sich aus Furcht vor Rache. Obwohl schließlich den

Göttern feind, hatten selbst die bösartigsten Riesen nie versucht, Balder zu schaden. Zahlreiche Bergriesen und grimmige Frostriesen traten an den Scheiterhaufen. Wie viele Zwerge standen in den Reihen! Auch die kunstfertigen Schmiede. Die Alfen, seit Urzeiten Freunde der Götter und Menschen, brauchen kaum erwähnt zu werden.

Odin trat an den Holzstoß und flüsterte seinem Sohn etwas ins Ohr. Was er sagte, wissen nur Balder und er selbst. Vielleicht versprach er Balder Sühne für den Mord oder nannte es gewiß, daß er als Schuldloser wiederkehren werde. Dann legte Odin seinem Sohn den Ring Draupnir ins Feuer und ließ Balders Pferd samt kostbarem Geschirr den Flammen übergeben.

32

Hermod reitet ins Totenreich

Frigg litt am meisten unter Balders Verlust, und so drängte sie, jemand solle ins Totenreich reiten, ihren Sohn suchen und der Hel so viel Lösegeld bieten, wie sie fordere. Denn da Balder nicht im Kampf gefallen war, blieb ihm Walhall verschlossen.

Hermod, der Schnelle, Tapfere, auch ein Sohn Odins, machte sich bereit. Odin lieh im Sleipnir. Hermod schwang sich auf das Pferd und galoppierte davon. Er ritt neun Tage und Nächte durch tiefe dunkle Täler, kam dann zum lärmenden Fluß Gjöll und auf die Gjöllbrücke, die mit hellem Gold belegt ist und leuchtet. Ein

Mädchen, Die Kampfmüde, bewacht die Brücke zum Totenreich und fragte den Reiter nach Namen und Geschlecht. »Gestern«, sagte die Wächterin, »ritten fünf Scharen toter Krieger über die Brücke, aber unter dir dröhnt sie weit mehr. Warum reitest du als Lebender den Weg zur Hel?«

»Ich suche Balder«, sagte Hermod und fragte: »Sahst du ihn auf dem Helweg?«

»Balder trabte hier über die Gjöllbrücke«, erwiderte die Wächterin. »Der Weg führt nach Norden da hinab.«

Hermod sprengte weiter bis zum Gittertor, das für die Lebenden als unüberwindbar galt. Der Reiter stieg von Sleipnir, zog das Sattelzeug straff, sprang wieder auf das beste Pferd der Götter, gab ihm die Sporen und setzte, ohne einen Gitterstab zu streifen, hoch über das Tor.

Vor der Halle der Hel stieg Hermod vom Pferd, trat durch die Tür und sah seinen Bruder mit einem Trinkhorn auf dem Hochsitz. In dem goldgeschmückten Saal saßen Balder und seine Frau Nanna. Hermod nahm auf einer Bank bei ihnen Platz, und die Brüder redeten beim Met bis in die Nacht.

Am nächsten Morgen verlangte Hermod von der Hel, daß sie Balder freigeben und er mit ihm heimreiten solle. Hermod klagte über die Trauer aller Asen, wie Frigg den Tod des unschuldigen Sohnes nicht verwinde, wie die Götter sich um den Bestand der Welten sorgten, denn der Tod des ersten Götterpaares ermutige die Weltfeinde.

»Ist Balder tatsächlich so beliebt, wie du behauptest?« fragte die Hel.

Nach der Versicherung, daß selbst die grimmigen Frostriesen Balder wohlgesonnen seien, sprach die Hel:

»Wenn alle Lebewesen und alle toten Dinge in allen Welten Balder beweinen, soll er zu den Asen zurückkehren. Aber wenn eines echte Tränen verweigert, wird er in meiner Halle bleiben.«

Dann standen Balder und Nanna auf von ihren Hochsitzen und begleiteten Hermod vor die Halle. Zur Erinnerung gab Balder für Odin den Ring Draupnir mit; Nanna sandte Frigg das kostbare Leinentuch, das sie bei ihrer Bestattung getragen hatte, und Fulla einen goldenen Fingerring.

Hermod ritt, so schnell Sleipnir vermochte, den Weg zurück und berichtete den Göttern alles, was er gehört und gesehen hatte.

Die Asen hielten Rat und sandten Boten in alle Welten mit der Bitte, Balder aus der Hel zurückzuweinen. Und alle taten das: Götter und Menschen, Pflanzen und Tiere, die Erde und die Steine, das Holz und alles Metall – so wie man Dinge weinen sehen kann, wenn sie aus der Kälte in die Wärme kommen. Auch alle Alfen und Zwerge vergossen Tränen, und alle Riesen, auch die Bergriesen und die grimmigen Frostriesen. Nie waren sich alle Wesen und Dinge so einig. Frigg erwartete die Heimkehr ihres Sohnes.

Aber als Balder nicht zurückkam, wurden erneut Walküren ausgesandt; die sahen in einer Höhle eine Riesin sitzen mit ausgedörrten Augenhöhlen. Die Walküren baten die Riesin, Balder aus der Hel zurückzuweinen. Da rieb sich die Riesin trockene Tränen aus den Augen und sagte: »Balder nutzte mir weder im Leben noch im Tod. Behalte die Hel, was sie hat.«

Die Riesin hieß Thökk, was boshafterweise ›Dank‹ bedeutet, und behielt ihre nassen Tränen. Aber nach ihrer Heimkehr versicherten die Walküren den Asen, in Wirklichkeit sei Thökk Loki gewesen – sie hätten ihn an den Augen erkannt.

Daraufhin stellten die Götter Loki zur Rede. Er bestritt hartnäckig diese Verwandlung und behauptete, die Hel selber habe die Gestalt der Riesin angenommen, so wolle sie die Weltordnung wahren; denn gewähre sie eine Ausnahme, könne jeder von ihr Tote zurückfordern.

Aber die Asinnen und Asen vertrauten ihren Walküren.

Und alle Bande zu Loki brachen.

33

Lokis Bestrafung

Loki floh in ein abgelegenes Gebirge, stieg auf einen Gipfel und baute sich dort eine Behausung mit vier Türen. Hinter denen saß er beim Feuer, spähte in alle Himmelsrichtungen und sann darüber nach, mit welcher List die Asen ihn fangen könnten.

Morgens rannte er oft zum nahen Wasserfall, verwandelte sich in einen Lachs und verbarg sich in der Strömung.

Odin stieg täglich auf Hlidskjalf und spähte so lange nach Loki, bis er ihn vor seiner Behausung erkannte. Odin allein würde kaum gelingen, den Durchtriebenen zu ergreifen; deshalb nahm er Thor und Heimdall mit auf seine Fahrt.

Loki wärmte sich an seinem Feuer und spähte hin und

wieder aus einer der vier Türen, dann knotete er Leinengarn und verband aus Zeitvertreib die Maschen zu einem besonderen Netz – da erschrak er über seine Erfindung, und er erschrak noch mehr, weil er die drei Asen den Hang heraufsteigen sah. Loki warf das Netz ins Feuer, rannte in einer anderen Richtung zum Fluß und verwandelte sich in einen Lachs.

Odin und seine Begleiter traten in das Haus, sahen das Feuer lodern und vermuteten, Loki könne nicht weit sein. Heimdall erkannte in der Glut des Feuers die Netzform der weißen Asche, zu der das verknotete Leinengarn verbrannt war. »Damit kann man Fische fangen!« rief er. Und Loki würde sich in ein solches Tier verwandelt haben, vermutete Odin. Genügend Leinengarn lag in einer Ecke. Und die Asen knoteten rasch ein Netz nach dem Muster, das sie aus der Asche ablasen. Dann eilten sie zum Fluß und warfen das Netz in den Wasserfall, über den Loki nicht hinausgelangt sein könnte. Thor hielt das eine Ende des Netzes, die beiden anderen Asen ergriffen am jenseitigen Ufer das zweite Ende, so zogen sie das Netz flußabwärts. Loki schwamm unbemerkt vor ihnen her, fand keinen anderen Schlupfwinkel und legte sich zwischen zwei Steine. Als die Asen das Netz über die Steine zogen, spürten sie etwas Lebendiges, gingen noch einmal zum Wasserfall zurück, beschwerten das Netz so, daß es keinen Durchschlupf bot und zogen es zum zweiten Mal flußabwärts. Ehe sie das Meer erreichten, sprang Loki in Lachsgestalt über die Randleine des Netzes und schwamm zum Wasserfall zurück. Nun glaubten die Asen zu wissen, wer sich hinter dem Fisch verbarg, und liefen erneut zum Wasserfall. Dort senkten sie das Netz zum dritten Mal in den

Fluß; Odin hielt es auf dem einen, Heimdall auf dem anderen Ufer; so zogen sie es; und Thor stapfte in der Mitte des Stromes. Die Asen drängten Loki dem Meere zu. Der Listige war dem Gesetz der Verwandlung unterworfen: er hätte seine natürliche, dem Menschen ähnliche Gestalt zunächst wieder annehmen müssen, ehe er etwa zur Fliege werden und davonschwirren konnte. Also blieben Loki zwei Möglichkeiten, und jede bedrohte sein Leben: entweder ins Meer gejagt zu werden oder über das Tau zu springen, das das Netz hielt.

Loki schnellte so rasch er konnte über die Leine. Aber Thor hatte den Fisch beobachtet und alle seine Sinne so auf ihn gelenkt, daß der Splitter des Wetzsteines in seinem Kopf schmerzte. Thors Finger waren flinker, als ein Lachs springen konnte, sie ergriffen und packten ihn. Der Lachs war glitschig, wand sich und wäre fast entwischt, wenn Thor ihn nicht am Schwanz fest zusammengedrückt hätte. Deshalb sind Lachse hinten so schmal.

Loki mußte sich in seine natürliche Gestalt zurückverwandeln und war nun friedlos. Die Asen schleppten ihn in eine Felsenhöhle. Auch seine Söhne Narfi und Vali, die die Asin Sigyn ihm geboren hatte, wurden ergriffen und an diese Stätte gebracht.

Die Götter nahmen drei Steinplatten, schlugen in jede ein Loch und stellten sie auf die Kanten. Wie der Fenriswolf war Loki mit keiner gewöhnlichen Fessel zu binden. Deshalb verwandelten die Asen Lokis Sohn Vali in einen Wolf und hetzten ihn auf seinen Bruder; Narfi wurde von ihm zerrissen. Dann legten die Asen Loki auf die senkrechten Steinplatten und banden ihn mit den Därmen seines Sohnes Narfi darauf fest. Eine Steinplatte drückte Loki gegen die Schultern, die zweite gegen die

Lenden und die dritte gegen die Kniekehlen. Und die Bande wurden zu besonders hartem Eisen.

Dann befestigte Skadi eine Giftschlange über Loki, das Gift tropfte in sein Gesicht. Aber die Asin Sigyn trennte sich nicht von ihrem gefesselten Mann, sie stellte sich neben Loki und hielt eine Schüssel unter den Kopf der Schlange. War die Schale gefüllt, eilte Sigyn, das Gift auszuschütten. Inzwischen tropfte es dem Gebundenen ins Gesicht und ätzte es, da zuckte Loki so heftig zusammen und riß an den Fesseln, daß die Erde erzitterte und der Boden schwankte, was Erdbeben genannt wird.

In dieser Höhle liegt Loki gebunden bis zu den Ragnarök. Und je länger das Gift in seinem Gesicht brennt, desto mehr haßt er die Götter und rüttelt an ihrer Weltordnung.

34

Odin verführt Rind

Nach Lokis Fesselung wollten Thor, Frey, Freyja, Njörd und andere Asen Höd nicht weiter verfolgen und ihn schonen: der Blinde habe Lokis böse Absicht nicht gekannt und sei schuldlos. Odins Söhne waren ohnehin nicht bereit, ihren Bruder Höd zu erschlagen.

Aber Odin, Heimdall, Tyr und andere bestanden auf Rache. Und ein finnischer Wahrsager prophezeite Odin, die Tochter eines rutenischen Königs werde ihm den Töter Höds gebären. Da zog Odin den breitkrempigen Hut in die Stirn, ging an den Hof des genannten Königs und bot sich ihm als Kriegsmann an. Nach Siegen seiner Schar gegen feindliche Heere erhob der König ihn zum Feldherrn. Odin gewann jede Schlacht. Auch allein schlug er Reihen einfallender Krieger in die Flucht. Der König berief ihn zu einem seiner vertrautesten Freunde. Nun offenbarte Odin dem König die Liebe zu dessen Tochter. Der König ermutigte ihn, Rind um einen Kuß zu bitten. Doch die schlug ihm auf die Wange.

Im folgenden Jahr kehrte Odin geschminkt zurück, gab sich als Goldschmied aus und fertigte kostbaren Schmuck, schließlich auch Ringe und eine Spange, die viel feiner waren und heller glänzten als alles Geschmeide am Hofe, und schenkte sie dem trotzigen Mädchen. Aber Rind durchschaute die Freigebigkeit des Goldschmiedes, und als er sie küssen wollte, schlug sie ihm wieder auf die Wange.

Der König schalt mit seiner eigensinnigen Tochter, doch die lehnte die Heirat mit dem alten Manne ab: er verderbe ihre frohen Mädchenjahre.

Diese zweite Zurückweisung kränkte den im Verführen Erfahrenen. Doch die schöne und widerspenstige Rind reizte ihn. Und Odin machte sich zur Pflicht, den Rächer an Höd zu zeugen. Frigg, Thor und andere Asen und Asinnen bemühten sich, Odin von einer dritten Fahrt abzubringen; er vergeude viel Zeit für Rache, wo Dringenderes für den Bestand der Welten zu tun sei.

Doch Odin sprengte als junger feuriger Krieger vor den rutenischen König, focht bei Wettkämpfen kühner und gewandter als andere und besiegte jeden. Alle Frauen jubelten ihm zu, sogar Rind winkte. Und Odin ritt an ihre Seite, stieg vom Pferd und wollte ihr mit einem Kuß danken. Rind beugte ihren Kopf vor, aber roch im letzten Augenblick den Alten und stieß ihn so derb zurück, daß er auf den Boden taumelte und sein Kinn in die Erde bohrte.

Odin, auf das Äußerste gefaßt gewesen, trug ein Stück Baumrinde bei sich; mit ihm streifte er während des Fallens die Stolze. In die Rinde waren Runen geritzt, die versetzten das Mädchen in Krankheit und Wahn.

Nun kam Odin als heilkundige Frau an den Hof. Die Königin machte sie, ihrer ärztlichen Erfolge wegen, zur Magd ihrer Tochter. Odin wusch eifrig den Schmutz von Rinds Füßen und Schenkeln, ob mehr aus Vergnügen und Lust oder lästiger Pflicht, ist unbekannt. Als Rind grellere Wahnbilder sah, in Fieber fiel und kein anderes Mittel anschlug, wurde nach dem Rat der heilkundigen Frau ein Trunk aus Kräutersäften bereitet. Und damit sich das Mädchen nicht widersetze, ließ der König sie nach dem Rat der Ärztin auf ihr Bett binden. Und Odin trieb ihr die Krankheit aus den feinsten Adern; ob mehr durch die Kräutersäfte oder seine Manneskraft, mit der er mehrfach in sie eindrang, sei dahingestellt. Rind gesundete jedenfalls rasch. Es war ihre erste Manneserfahrung.

Die Königstochter gebar einen gesunden, kräftigen Sohn, der wurde Vali genannt. Der Junge übte sich früh im Reiten, Speerwerfen und Schwertkampf. Er schwamm durch Sunde und jagte Hirsche.

Odin erzählte Vali von der Ermordung seines Bruders Balder und wie schwer diese Untat auf den Bewohnern der Welten laste. Der Göttervater riet ihm, statt Schuldlose im Kampf niederzuhauen, solle er lieber am Mörder seines Bruders Rache nehmen.

Und so tötete Vali den blinden Höd.

Die Gemeinschaft der Asen verlor wieder einen Gott.

35

Der Untergang der Götter

Die Weltenesche erzittert, ihr erster Ast bricht. Frauen stiften aus Schmucksucht Unheil. Im Kampf um mehr Macht und mehr Gold erschlagen Brüder einander, spalten Väter die Schädel ihrer Söhne. Auf heiligen Thingstätten fließt Blut.

Drei Jahre ziehen die Heere von Schlacht zu Schlacht, für Frieden bleibt keine Zeit. Die unermeßlichen Scharen Einherjer glauben an den Sieg ihres Feldherrn Odin.

Der Drache Nidhögg nagt an Yggdrasills Hauptwurzeln, die Hirsche beißen eintägige Knospen. Und die Nornen kommen mit Wasserschöpfen nicht nach – dürre Äste ragen aus dem vergilbten Laub der Weltenesche.

Dann kommt die Midgardschlange für immer an die Meeresoberfläche und peitscht Sturmfluten gegen die Strände, verpestet mit ihrem Gifthauch die Meere. Fische werden ungenießbar. Der Fenriswolf heult. Die Zwerge frösteln in ihren Höhlen. Und Loki rüttelt an den Steinplatten, worauf er gebunden liegt, daß die Berge beben, die Erde aufreißt. Schwefeldämpfe quellen aus den Spalten, erloschene Vulkane speien wieder Feuer.

Die Berge waren ehedem die sichersten Orte aller Welten, die Zwerge dort unberührbar; jetzt krampfen sich den kunstfertigen Schmieden die Hände, die Felswandkundigen tappen vor ihre Steintore und stöhnen, irren durchs Geröll.

Noch einmal entkommt die Sonne ihrem Verfolger.

Heimdall schläft nachts nur einen halben Adlerruf lang und späht unablässig über die Welten.

Dann folgen drei harte lange Winter ohne einen Sommer aufeinander. Stürme treiben aus allen Richtungen Schnee, begraben das letzte Büschel Gras. Die Menschen befeinden sich erbarmungsloser.

Der Speer- und Schwertfluß im Osten – er trennt die Lebenden vom Reich der Toten – führt Hochwasser, friert aber nicht zu. In ihm schwimmen mehr Waffen als ehedem. Wer ihn zu überqueren versucht, wird in Stücke gehauen. Und am Totenstrand, fern der Sonne, füllt sich ein Raum mit Meineidigen und Mördern. Seine Wände glitzern von geflochtenen Schlangenleibern. Gift tropft durch die Dachöffnung, sammelt sich auf dem Boden und peinigt die Verbrecher. Ein Wolf reißt ihre Leichen, und Nidhögg schlürft mit ihrem Blut Lebenskraft und Weisheit der Toten.

Dann kräht Goldkamm, der Hahn der Asen. Und der rußrote Hahn im Totenreich weckt die Schläfer und ruft die Riesen zum Kampf.

Außerordentliches geschieht: Der Wolf Sköll packt die Sonne, und die hat nun keine Kraft mehr, sich loszureißen, und wird schwarz; die Erde verfinstert sich. Auch der Wolf Hati erreicht den Mond und packt ihn für immer, vom Jahreszähler ist kein Tag mehr ablesbar.

Heimdall holt sein Gjallarhorn aus dem Brunnen des Mimir, nun ist der Kampf unabwendbar. Heimdall bläst so laut, daß es bis zur Hel hinabschallt. Die Asinnen und Asen eilen zum Rat. Und Odin öffnet den Kasten, in dem Mimirs Kopf bewahrt ist, und bespricht sich mit dem Weisen.

Der Fenriswolf reißt an seinen Fesseln, daß die Erde dröhnt, und die Blätter fallen klirrend von den Bäumen.

Loki wälzt sich auf seinen Steinplatten, bis Berge

brechen, Bäume sich aus dem Boden lösen, Felsen krachend zusammenstürzen; Loki rüttelt an der Erde, bis alle Fesseln und Bande reißen. So kommt auch der Fenriswolf los.

Er strebt dem Schlachtfeld zu, das hundert mal hundert Meilen mißt, reißt sein Maul weit auf; sein Unterkiefer streift die Erde, und der Oberkiefer reicht in den Himmel. Wäre mehr Raum, würde er seinen Rachen noch weiter aufsperren. Feuer brennt in seinen Augen, Funken stieben aus seinen Nüstern.

Und die Midgardschlange wälzt sich auf das Land zu, bläst in ihrem Riesenzorn so viel Gift aus, daß die Luft und das Meer bespritzt werden; das Wasser eitert, und giftschillernder Schaum treibt auf den Wellen. Mit Sturmfluten, die sie aufwühlt, kriecht die Weltfeindin ans Ufer und auf das große Schlachtfeld zu.

Mit der Flut kommt auch Naglfar, das Schiff aus den Nägeln der Toten, und bringt die Feinde aus dem Lande der Hel; rasch pflügt sich sein Kiel von Osten durch das Meer; Loki ist der Steuermann.

Und Garm, der Hund beim Eingang zum Totenreich, hetzt herbei.

Jetzt ist es so weit, und Sköll verschlingt die Sonne und Hati den Mond. Sterne springen aus ihren Bahnen, irren in den Raum oder stürzen aufs Land oder ins Meer.

In diesem Lärm spaltet sich der Himmel, und Muspells Leute reiten heran, an ihrer Spitze der Feuerriese Surt. Sein Schwert brennt heller als die Sonne. So preschen sie über Bifröst, aber die Asenbrücke bricht; da schwimmen Muspells Scharen weiter durch Flüsse und gelangen als zweites großes Heer auf das Kampffeld.

Die Reifriesen, Bergriesen und andere Gegner aus Utgard bilden das dritte große Heer.

Alle Feinde der Götter und Menschen stellen sich in Schlachtordnung auf. Die Weltenesche erbebt, stärkere Äste brechen. Und kein Bewohner der Welten bleibt furchtlos.

Die Asen legen ihre Rüstungen an, greifen nach ihren Waffen. Odin läßt die 540 Tore von Walhall öffnen, und aus jedem rücken 800 Einherjer aus. Gut gerüstet zieht das unermeßliche Heer auf das Schlachtfeld.

Odin sprengt auf seinem achtbeinigen Pferd Sleipnir der Streitmacht der Götter voran, mit Goldhelm, leuchtender Brünne und seinem Speer Gungnir. An seiner Seite fährt Thor mit seinem Bocksgespann, trägt den Kraftgürtel, Eisenhandschuhe und schwingt Mjöllnir. Dann kommen Heimdall auf Goldzopf, Tyr, Frey mit seinem goldborstigen Eber und die anderen.

Der Göttervater reitet auf seinen alten Feind zu. Der Fenriswolf will sich für die Fesselung rächen und heult Odin kampfesgierig an. Thor kann Odin nicht beistehen, denn die Midgardschlange speit Gift gegen ihn. Er und die Schlange finden endlich ihre dritte Begegnung.

Surt greift Frey an, zieht sein Feuerschwert gegen den Friedfertigen. Der schwingt sein Hirschgeweih, vermag aber gegen Surts Flammenstrahl wenig auszurichten und fällt als einer der ersten; nun rächt sich, daß er sein Schwert, das von selber ficht, wegen der schönen Gerd Skirnir schenkte.

Garm und Tyr treffen aufeinander. Und der Kriegsgott führt sein Schwert mit der Linken gegen den gefährlichsten aller Hunde; vielleicht fehlt Tyr seine stärkere rechte Hand. Keiner kann den anderen besiegen, so hauen sie einander tödliche Wunden und sterben.

Heimdall und Loki fallen einander an und schlagen

sich erbittert, als ob sie ihren Kampf in Seehundsgestalt auf der Schäre fortsetzten. Allen Zorn, der sich während seiner Fesselung staute, richtet Loki gegen den mißtrauischen Wächter; der sieht in dem übergetretenen Riesen den Anstifter zum Untergang der Götter. Jeder verfolgt seit langem den anderen mit solchem Haß, daß er nur durch den Tod des anderen zu stillen ist. Und so krachen ihre Schwerter, daß der Boden dröhnt und Funken stieben. Und einer tötet den anderen.

Die Midgardschlange speit Gift gegen Thor und verschafft sich so mehr Raum auf dem Schlachtfeld. Thor schleudert Mjöllnir dreimal gegen die Weltfeindin und streckt sie nieder. Mit verbranntem Schild und heißen Eisenhandschuhen tritt Thor, dem Kadaver zugewandt, neun Schritte zurück, dann fällt Thor vom Gift, das die Schlange gegen ihn blies.

Am längsten kämpft Odin gegen den stärksten Feind, wirft Gungnir gegen den Weltwolf, schlägt ihm Wunden, aber kann ihn nicht töten. Der Fenriswolf sperrt sein Maul so weit auf, daß es Himmel und Erde berührt, und verschlingt den Göttervater.

Jetzt stürmen die Söhne Thors, Modi und Magni, vor und erobern Mjöllnir zurück. Aber auch Odins Söhne, Vidar und Vali, können den Untergang Asgards und Midgards nicht aufhalten. Doch Vidar besitzt einen dikken Schuh, der ist aus Lederstücken gemacht, die beim Schuhezuschneiden abfielen. Dieser Schuh ist fest wie Eisen und hat die Kraft, den Rachen des Wolfes offenzuhalten. Vidar setzt ihn in den Rachen des Untiers, packt mit einer Hand den Oberkiefer, reißt ihm den Rachen auseinander und rächt so seinen Vater.

Über die Taten der Einherjer wird nichts berichtet. War Odins Mühe mit ihnen umsonst?

Dann schleudert Surt mit seinem Schwert Feuer über die Erde. Midgard steht in Flammen. Alle Welten brennen. Die Schätze aus Gold schmelzen und zerrinnen. Der Weltenbaum stürzt krachend zusammen. Asgard brennt nieder. Hlidskjalf bricht. Odins und Thors Söhne ziehen sich hinter die stärksten Mauern von Asgard zurück. Vielleicht decken die Einherjer diesen Ort und die Weltenesche; deren Stumpf brennt nicht aus.

Die Sonne ist schwarz. Die Erde sinkt langsam ins Meer. Feuer und Rauch quellen zum Himmel.

36

Eine neue Welt

Die Erde wird sich zum zweiten Mal aus dem Meer heben und grünen. Auf den Feldern wird es ungesät wachsen; und ein Adler wird über den Gipfeln kreisen, in die von den Hängen fließenden Wasserfälle spähen und nach Fischen stoßen.

Vidar und Vali, Modi und Magni werden hinter den höchsten und stärksten Mauern Asgards vom Feuer verschont bleiben. Die Söhne Thors werden Mjöllnir tragen, zum Schutz gegen neue Feinde. Warum sollte kein Riese überleben?

Odin wird mit Walhall untergehen und auch Thor für immer tot sein. So wie die Weltfeinde und Riesen wird auch Surt im Feuersturm, den er entfachte, umkommen.

Aber der schuldlose Balder wird aus der Hel zurückkehren, mit ihm der unschuldige Höd. Beide werden mit Thors und Odins Söhnen zusammensitzen und eine neue Welt bauen, ohne Zwietracht und Goldgier.

Die neuen Asen werden über die Taten in der Vergangenheit reden, wie Thor neun Schritte vor der Midgardschlange zurücktrat und als einziger der alten Götter siegte, wie Odin die Runen erfand und den Dichtermet heimholte. Die Asen werden im Schutt, von Gras überwachsen, ihr Brettspiel finden, das sie lieben. Und sie werden die goldenen Figuren neu setzen, Losstäbe werfen und die Zukunft erforschen.

In einem Tal zwischen Bergen wird der Stumpf der Weltenesche vom Feuer verschont. Dort werden ein Mann und eine Frau, Lif und Lifthrasir, überleben und sich vom Morgentau ernähren. Lif und Lifthrasir werden zahlreiche Kinder zeugen und ihre Nachkommen die Erde neu besiedeln.

Niemand wird verwundern, daß auch die Sonne, ehe der Wolf sie verschlingt, eine Tochter gebären wird. Und das Mädchen zieht die Bahn der Mutter, nicht weniger strahlend und schön.

Da wird vom finsteren Gebirge der Drache Nidhögg über das offene Feld fliegen, auf seinem Rücken Tote von der letzten Schlacht, und hinter den Bergen niedergehen. Wird er abstürzen und mit der letzten Beute umkommen? Oder sich zum neuen Anflug rüsten, leichengierig und giftfunkelnd?

Von dieser Zukunft weiß noch niemand zu erzählen.

Anhang

Glossar

Ägir (anord. *Ægir*, von *ægir* ›Meer‹) Meeresriese, auch Gott des Meeres genannt

Agnarr Sohn des Königs Geirrod

Alfen, Alben (anord. *álfr* ›Albe, Elf‹) Wesen, meist den Göttern nahestehend (Lichtalfen), aber auch den Zwergen (Schwarzalfen)

Alvis (anord. *allviss* ›allwissend‹) weiser Zwerg, wird von Thor überlistet

Andvari (anord., ›Der Vorsichtige‹) Zwerg, besitzt einen kostbaren Schatz

Angrboda (anord., ›Die Kummer Verkündende‹) Riesin; mit ihr zeugt Loki den Fenriswolf, die Midgardschlange und die Hel

Asen (anord. *áss* ›Ase, Gott‹, Pl. *æsir*, deutbar aus der indogerm. Wurzel * *ans* ›atmen‹) eines der beiden Göttergeschlechter (neben den Vanen) der germanischen Mythologie, öfter auf Krieg und Herrschaft gerichtet. Neben Göttervater Odin und seiner Frau Frigg sind Thor, Balder, Tyr, Heimdall und Bragi bedeutende Asen

Asgard (anord. *Ásgarðr* ›Wohnsitz der Asen‹) Wohnstätte der Asen; hier befinden sich Walhall und Odins Hochsitz Hlidskjalf

Ask (anord. *askr* ›Esche‹) Mann des ersten Menschenpaares, von drei Göttern aus Baumstämmen geschaffen

Audumla (anord. *Auðumla* ›Die reiche hornlose Kuh‹) Urkuh, leckt Buri, den Stammvater der Götter, aus dem Eis

Balder (anord. *Baldr*, deutbar als ›Herr, Fürst‹ oder ›Kraft‹) Asengott, Sohn von Odin und Frigg, wird nach Anstiftung durch Loki von Höd getötet

Bergelmir (anord., ›Der wie ein Bär Brüllende‹) Urriese; überlebte, als die Götter Ymir töteten und in dessen Blut alle Riesen ertränkten

Berserker (anord. *berserkr* ›Bärenhäuter‹) durch ›Berserkerwut‹ besonders tapfere Krieger, oft im königlichen Gefolge und Odin geweiht

Bifröst (anord. *Bifrǫst*, eigtl. ›Der schwankende Weg‹) Brücke zwischen Asgard und Midgard, Regenbogen genannt

Bölverk (anord. *Bǫlverkr*, eigtl. ›Der Übel stiftet‹) Odin gewinnt unter diesem Namen den Dichtermet zurück

Bragi (anord., ›Der Erste, Vornehmste‹) Gott der Dichtkunst

Brisingamen (von anord. *brisingr* ›Feuer‹) kostbarer, glänzender Halsschmuck der Göttin Freyja

Brokk (anord. *Brokkr*, Herkunft ungewiß) Bruder des Zwerges und kunstfertigen Schmiedes Sindri

Bruno Vertrauter des Königs Harald Kampfzahn, später nimmt Odin Brunos Gestalt an

Brynhild (anord. *Brynhildr*, von anord. *brynja* ›Brünne, Brustpanzer‹) Walküre, wird von Sigurd befreit

Draupnir (anord., ›Der Tropfer‹ oder ›Der Träufler‹) Odins Ring, von dem jede neunte Nacht acht gleichschwere Ringe abtropfen

Einherjer (anord. *einheri* ›Der allein kämpft‹) gefallene Kämpfer, von Walküren nach Walhall geholt

Elli (anord., ›Alter‹) Amme des Riesen Utgard-Loki; Thor besteht mit ihr einen Ringkampf

Embla (anord. Baumname, deutbar als ›Ulme‹) Frau des ersten Menschenpaares, das von drei Göttern aus Baumstämmen geschaffen wurde

Fafnir (anord., eigtl. ›Der Umfasser‹) Sohn des Bauern Hreidmar; verwandelt sich in einen Drachen, den Sigurd tötet

Fenriswolf (anord. *Fenrir*, deutbar als ›Moorgestrüppwolf‹) Wolf, von Loki mit der Riesin Angrboda gezeugt, Feind der Götter; zunächst von ihnen gefesselt, reißt er sich vor dem Weltende los, kämpft mit Odin und verschlingt ihn

Fjalar (anord. *Fjalarr*, Herkunft unsicher) Zwerg, tötet gemeinsam mit seinem Bruder Galar den weisen Kvasir

Forseti (anord., ›Der Vorsitzende‹) Sohn von Balder und Nanna, gilt neben Tyr als Gott des Rechts

Frey (anord. *Freyr*, eigtl. ›Herr‹) Fruchtbarkeitsgott vom Geschlecht der Vanen, Sohn des Njörd, Bruder der Freyja; er besitzt den Eber Gullinborsti

Freyja (anord., ›Herrin, Frau‹) Vanengöttin, Tochter des Njörd, Schwester des Frey, wird in Liebesangelegenheiten angerufen, fährt einen mit Katzen bespannten Wagen, besitzt den kostbaren Goldschmuck Brisingamen und ein Falkengewand

Frigg (anord., eigtl. ›Geliebte‹) wichtigste Göttin der Asen, Frau Odins, Mutter Balders, Göttin der Frauen und der Familie; sie besitzt ein Falkengewand

Fulla (anord., ›Fülle‹) Dienerin Friggs, bewahrt deren Schuhe und Schatzkiste

Galar (anord. *Galarr*, ›Schreier‹) Zwerg, tötet gemeinsam mit seinem Bruder Fjalar den weisen Kvasir

Gangrad (anord. *Gangráðr* ›Entgegen-Rater‹) unter diesem Namen tritt Odin in den Wissenswettstreit mit Vafthrudnir

Garm (anord. *garmr* ›Hund‹) brüllender Hund am Eingang zum Totenreich

Gefjon (anord., ›Die Geberin‹) Göttin, verleiht Glück und Fruchtbarkeit

Geirrod (anord. *Geirroðr*) Pflegekind Odins, später König; unter dem Namen Grimnir stellt Odin ihn auf die Probe

Geirröd (anord. *Geirrøðr*, ›Speerschutz‹) Riese, lockt Thor waffenlos in sein Gehöft und versucht ihn zu töten

Gerd (anord. *Gerðr*, verschieden deutbar) Riesenmädchen von großer Schönheit; Frey gewinnt es

Ginnungagap (anord., ›Gähnender Schlund‹) Urschlucht vor der Entstehung der Welten; »der mit magischen Kräften erfüllte Urraum« (de Vries)

Gjallarhorn (anord., ›Das lauttönende Horn‹) Horn des Gottes Heimdall, er warnt mit ihm die Götter beim Anbrechen der Ragnarök

Gjöll (anord. *gjǫll* ›Lärm; Die Brüllende‹) unterirdischer Fluß, an der Grenze zum Reich der Hel

Gleipnir (anord., eigtl. ›Verschlinger‹) Fessel, mit der es den Göttern gelingt, den Fenriswolf zu binden

Gode (anord. *goði* ›heidnischer Priester‹) auf Island kultischer und politischer Vorsteher der kleinsten Thinggemeinschaft

Gram mythisches Schwert, von Regin für Sigurd geschmiedet
Grid (anord. *Griðr* ›Heftigkeit‹) Riesin, leiht Thor ihren Zauberstab, ihre Eisenhandschuhe und ihren Kraftgürtel
Grimnir (anord., ›Der Maskierte‹) unter diesem Namen stellt Odin seinen Pflegesohn Geirrod auf die Probe
Gullinborsti (anord., ›Der mit den goldenen Borsten‹) goldborstiger Eber des Gottes Frey
Gullveig zauberkundige Vanin, verteilt Gold an die Menschen, löst den Krieg der beiden Göttergeschlechter aus
Gungnir (anord., eigtl. ›Der Schwankende‹) Odins Speer, den nichts aufhält
Gunnlöd (anord. *Gunnlǫð*, ›Einladung zum Kampf‹) Tochter des Riesen Suttung; Odin betört sie und raubt den Dichtermet
Gymir (anord., ›Meer‹ oder ›Der Winterliche‹) Riese, Vater der Gerd, um die Frey werben läßt
Harald Kampfzahn dänischer König, Odin geweiht
Harbard (anord. *Hárbarðr* ›Graubart‹) unter diesem Namen verweigert Odin als Fährmann seinem Sohn Thor die Überfahrt
Hati (anord., ›Hasser‹) Wolf, verfolgt den Mond
Heidrun Himmelsziege, steht auf dem Dach von Walhall; aus ihrem Euter fließt Met als Getränk für die Einherjer
Heimdall (anord. *Heimdallr*, etymologisch mehrdeutig) Asengott, Wächter bei der Asenbrücke Bifröst in Asgard, warnt vor den Ragnarök mit dem Gjallarhorn
Hel (noch in ahd. *helan* ›verbergen‹) unterirdische Welt der Toten, die nicht im Kampf gefallen sind; auch Herrscherin dieser Welt, die Tochter Lokis und der Riesin Angrboda
Hermod (anord. *Hermóðr)* Gott, reitet zur Hel, um seinen Bruder Balder zurückzuholen
Herse Vorsteher eines Gaues (Bezirkes) in Norwegen, zuständig für Kriegswesen und Gerichtsbarkeit
Hlidskjalf (anord. *Hliðskjálf*, eigtl. ›Aussichtsturm‹) Odins Hochsitz oder Wachtturm; von ihm aus blickt er über alle Welten
Höd (anord. *Hǫðr* ›Kämpfer‹) blinder Asengott, tötet durch Lokis Anstiftung Balder

Holmgang Zweikampf, ursprünglich auf einem Holm, einer kleinen Flußinsel, ausgetragen, später auf einem abgesteckten Platz an Land

Hönir (anord. *Hœnir*, etymologisch unklar) Gott der Asen, die ihn nach dem Krieg mit den Vanen als Geisel übergeben

Hreidmar zauberkundiger Bauer, Vater Fafnirs und Regins

Hrungnir (anord., ›Lärmer‹) Riese, fordert Thor zum Zweikampf und wird von ihm erschlagen

Hugi (anord., ›Gedanke, Sinn‹) am Hofe des Riesen Utgard-Loki ein Läufer, mit dem Thjalfi um die Wette rennt

Huginn (anord., ›Der Gedanke‹) einer der beiden Raben (vgl. *Muninn*) Odins, die dieser zur Erkundung in die Welten aussendet

Hvergelmir (anord., ›Der brausende Kessel‹) Urquelle in Niflheim; aus ihr strömen Flüsse nach Süden; auch Quelle unter der Weltenesche Yggdrasill

Hymir (anord., etwa ›Bedecker, Verdunkler‹) Riese, Stiefvater des Gottes Tyr

Hyrrokkin (anord., ›Die vom Feuer Gerunzelte‹) Riesin, stößt für Balders Bestattung dessen Schiff ins Wasser

Idun (anord. *Iðunn* Die Verjüngende‹ oder ›Die Tätige‹) Frau des Asengottes Bragi; sie reicht den Göttern die Äpfel der Jugend

Ivaldis Söhne Zwerge, kunstfertige Schmiede, Söhne des Ivaldi; sie fertigen Sifs Goldhaar, Odins Speer Gungnir und das Schiff Skidbladnir

Jarl nach dem König höchster Titel in Norwegen

Jörd (anord. *Jǫrð*, von *jǫrð* ›Erde‹) Erdgöttin, Odin zeugte mit ihr Thor

Kvasir (anord., etymologisch unklar) Mann von größter Weisheit, entstanden nach dem Krieg der Asen und Vanen, als beide zum Zeichen des Friedens in einen Kessel spuckten und ihren Speichel mischten

Lif (anord., ›Leben‹) einer der beiden Menschen, die die Ragnarök überleben

Lifthrasir (anord. *Lifþrasir* ›Der von Leben Strotzende‹) einer der beiden Menschen, die die Ragnarök überleben

Logi (anord., ›Flamme, Lohe‹) am Hofe des Riesen Utgard-Loki das personifizierte Feuer, mit dem Loki um die Wette ißt

Loki (anord., wahrscheinl. ›Feuer‹) seiner Herkunft nach Riese, von den Asengöttern aufgenommen und manchmal als Ase bezeichnet; er nutzt den Göttern besonders als Gefährte Thors, aber er zeugt auch drei Weltfeinde und veranlaßt Balders Tod

Magni (anord., ›Der Starke‹) Sohn Thors

Midgard (anord. *Miðgarðr* ›Wohnstätte der Mitte‹) Welt der Menschen in der Mitte, von den Asengöttern durch einen Wall gegen Utgard geschützt, über die Asenbrücke Bifröst mit Asgard verbunden

Midgardschlange (anord. *Miðgarðsormr* ›Weltschlange‹) eines der drei von Loki und der Riesin Angrboda gezeugten Ungeheuer und Hauptfeinde der Götter und Menschen, zunächst als ›Band der Erde‹ die Menschenwelt umschlungen haltend, aber auch Meerungeheuer und Feindin von Thor

Mimir (anord.) Mann von großer Weisheit, behütet den nach ihm benannten Brunnen, wird nach dem Krieg zwischen Vanen und Asen von diesen als Geisel übergeben

Mjöllnir (anord. *Mjǫllnir*, eigtl. ›Der Zermalmer‹) Thors Hammer, der nach jedem Wurf in seine Hand zurückkehrt, Waffe des Gewitter- oder Donnergottes, Werkzeug, auch zur Weihe für Fruchtbarkeit und Bestätigung von Verträgen eingesetzt

Modi (anord. *Móði*, ›Der Zornige‹) Sohn Thors

Mundilfari (anord., eigtl. ›Der sich nach bestimmten Zeiten bewegt‹) Vater des Sohnes Mani (Mond) und der Tochter Sol (Sonne)

Muninn (anord., ›Der sich Erinnernde‹) neben Huginn einer der beiden Raben Odins, die dieser zur Erkundung aussendet

Muspell (anord. *Muspellr* ›zum Weltuntergang gehörender Riese‹) in Muspellsheim herrschender Riese

Muspellsheim (anord. *Muspellsheimr* ›Welt des Muspell‹) feurige Gegend im Süden; aus deren Hitze und Funken entsteht Ymir

Naglfar (anord., ›Nagelschiff‹, eigtl. ›Totenschiff‹) Schiff aus den Nägeln der Toten, dient in den Ragnarök den Weltfeinden zum Angriff

Nanna (anord., Etymologie unsicher) Frau des Gottes Balder; bei dessen Tod bricht ihr das Herz, sie wird mit ihm verbrannt

Nidhögg (anord. *Niðhǫggr* ›Der grimmig Hackende‹) leichenfressender Drache, wohnt unter einer der Wurzeln der Weltenesche Yggdrasill

Niflheim (anord. *Niflheimr* ›Die dunkle Welt, Nebelwelt‹) eisige Welt im Norden, Gegensatz zu Muspellsheim im Süden

Njörd (anord. *Njǫrðr*, wahrscheinl. ›Kraft‹) Vanengott der Fruchtbarkeit und Schiffahrt, Vater der Geschwister Frey und Freyja, heiratet das Riesenmädchen Skadi

Nornen (anord. *norn*, eigtl. ›Die Raunende‹, Pl. *nornar*) Schicksalsfrauen, auch Schicksalsgöttinnen genannt; am Brunnen der Urd bei der Weltenesche wirken drei Nornen: Urd bestimmt die Vergangenheit, Verdandi die Gegenwart, Skuld die Zukunft; außerdem gibt es zahlreiche andere Nornen

Odin (anord., *Óðinn* ›Wut‹ oder ›Verstand‹) Vater der Asengötter, (im Deutschen *Wodan*), sein Großvater ist Buri als Stammvater der Götter, sein Vater Burr oder Borr. Odins Brüder sind Vili und Vé, seine Söhne Thor, Balder und Tyr; seine Frau ist Frigg. Odin ist der Gott des Krieges, der Dichtkunst, der Runen und der Toten

Ragnarök (anord. *Ragnarǫk*, Pl., ›Götterschicksal‹, auch ›Götteruntergang‹ aus *ragna* und *rǫk*, später fälschlich aufgefaßt als *ragnarøkkr* ›Götterdämmerung‹) Weltuntergang, letzter Kampf der Götter gegen die Weltfeinde

Ran (anord., Etymologie umstritten) Frau des Meeresgottes Ägir, sammelt in einem Netz die im Meer Ertrunkenen

Ratatosk (anord. *Ratatoskr* ›Nagezahn, Bohrerzahn‹) Eichhörnchen, läuft am Stamm der Weltenesche auf und nieder, schürt Streit zwischen dem Adler in den Zweigen und Nidhögg unter einer Wurzel

Regin (anord. *Reginn* ›Der Mächtige‹) Sohn des Bauern Hreidmar, kunstfertiger Schmied

Riesen Urbewohner der Welt, von ihnen stammen die Götter ab; es gibt böse Riesen wie die Thursen und Trolle, aber auch weise Riesen wie Vafthrudnir

Rig (anord. *Rígr*, air. *rig* ›König‹) Name, unter dem sich Heimdall in die Menschenwelt begibt und die Stände schafft

Rind (anord. *Rindr*, etymologisch verschieden deutbar) Königstochter; Odin zeugt mit ihr Vali, den Rächer Balders und Töter Höds

Ring Neffe des Königs Harald Kampfzahn und dessen Kriegsgegner

Röskva (anord. *Rǫskva* ›Die Mutige, Tüchtige‹) Schwester von Thjalfi, dem Diener Thors

Runen (anord. *rún* ›Geheimnis, Zauberzeichen‹) germanische Schrift- und Symbolzeichen, vor allem zur Wikingerzeit. Odin gilt als Erfinder und Gott der Runen

Sährimnir (anord. *Sæhrimnir*, verschieden ableitbar) Eber in Walhall, von dessen Fleisch täglich die Einherjer gespeist werden

Sif (anord., eigtl. ›Verwandte‹) Asin, Thors Frau, besitzt langes goldblondes Haar

Sigurd (anord. *Sigurdr*, von *sigr* ›Sieg‹) Held in der nordischen Mythologie, Töter des Drachens Fafnir

Sigyn (anord. *sigr* ›Sieg‹) Asengöttin, Lokis Frau

Sindri (anord. *sindr* ›Sinter, Schlacke‹) Zwerg und kunstfertiger Schmied, schafft den Eber Gullinborsti, den Ring Draupnir und den Hammer Mjöllnir

Skadi (anord. *Skaði*, verschieden deutbar) Tochter des Riesen Thjazi, Frau des Gottes Njörd, Göttin der Jagd und des Schilaufes

Skidbladnir (anord. *Skiðblaðnir*) Schiff des Gottes Frey, das beste aller Schiffe

Skirnir (anord., ›Der Strahlende‹) Gefährte und Diener des Vanengottes Frey, dem er Gerd zu gewinnen hilft

Sköll (anord. *skǫll* ›Spott‹) grimmiger Wolf, jagt die Sonne

Skrymir (anord., ›Prahler‹) Riese, andere Gestalt des Riesen Utgard-Loki

Sleipnir (anord., ›Der rasch Gleitende‹) Odins achtbeiniges Pferd, gezeugt von Loki als Stute mit dem Hengst Svadilfari des Riesenbaumeisters

Starkad (anord. *Starkaðr*) von Odin bevorzugter Held, vollzieht die Opferung Vikars für Odin

Surt (anord. *Surtr* ›Der Schwarze‹) Feuerriese, im Erdinnern hausend, bei den Ragnarök ein Hauptgegner der Götter

Suttung (anord. *Suttungr*, Etymologie unklar) Riese, dem Odin den Dichtermet raubt

Svadilfari (anord. *Svaðilfari* ›Der eine unheilvolle Fahrt macht‹) Hengst jenes Riesen, der den Göttern den Burgwall baut (Riesenbaumeister)

Thing (anord. *þing* ›Versammlung‹) gesetzgebende Versammlung der freien Männer

Thjalfi (anord. *Þjálfi*, etymologisch unklar) Thors Gefährte und Diener, gilt als schnellster Läufer

Thjazi (anord. *Þjazi*, etymologisch verschieden deutbar) Riese, Vater von Skadi, raubt in Adlergestalt Idun mit ihren Äpfeln der Jugend

Thökk (anord. *Þǫkk* ›Dank, Lohn‹) Riesin, verweigert nasse Tränen, die nötig wären, um Balder aus der Hel zurückzuweinen

Thor (anord. *Þórr*, ältere Form *þunarr*, ahd. *donar*, eigtl. ›Donner‹) Gewittergott, erster Sohn Odins, stärkster Ase, besonderer Freund der Menschen; er verteidigt mit seinem Hammer Mjöllnir Midgard und Asgard gegen die Riesen

Thrym (anord. *þrymr* ›Lärm‹) ein König der Riesen, der Thors Hammer raubt und später von ihm erschlagen wird

Thurs, Pl. **Thursen** (anord. *þurs* ›Riese, Unhold‹) besonders bösartige Riesen, ähnlich den Trollen; als gefährlichste galten die Hrimthursen, die Reifriesen

Troll (anord., ›Unhold‹) bösartiger Riese; manche besitzen Zauberkräfte

Týr (anord., ahd. *Ziu*, germ. **Tiwaz*, griech. *Zeus*, lat. *Jupiter*) Himmels- und Kriegsgott, auch Gott des Rechts; er läßt sich, um den Fenriswolf fesseln zu können, von diesem die rechte Hand abbeißen

Urd (anord. *urðr* ›Unglück, Schicksal‹) Norne, bestimmt das Schicksal, auch Schicksalsgöttin genannt

Utgard (anord. *Útgarðr* ›Welt außerhalb‹) Gebiet außerhalb der von Menschen (Midgard) und Göttern (Asgard) bewohnten Welten; Wohnort der Riesen und Trolle

Utgard-Loki Riese, narrt an seinem Hof durch Sinnestäuschungen Thor und dessen Gefährten

Vafthrudnir (anord. *Vafþrúðnir*, eigtl. ›kräftig im Verwickeln‹) Riese, sehr alt und weise, führt mit Odin einen Wissenswettstreit und unterliegt

Váli (anord., Etymologie unklar) Sohn Odins und Rinds, rächt Balder

Váli Sohn Lokis

Vanen (anord. *Vanir*, etymologisch vieldeutig) zweites Göttergeschlecht (neben den Asen) in der germanischen Mythologie, vor allem Fruchtbarkeitsgottheiten. Stammvater ist Njörd, sein Sohn ist Frey und seine Tochter Freyja. Nach dem Krieg mit den Asen kommt es zu dauernder Versöhnung mit ihnen

Vé (anord., ›Heiliger Ort‹) Odins Bruder

Vegtam (anord. *Vegtamr* ›Der Reisegewohnte‹) Name, unter dem Odin die Seherin Völva nach dem Schicksal Balders befragt

Vidar (anord. *Viðarr* ›Der Weitherrschende‹) Sohn Odins; nach dessen Tod rächt er den Vater und tötet den Fenriswolf

Vikar (anord. *Vikarr* ›Der mit dem Weihehaar‹) norwegischer König, wird mit Starkads Hilfe dem Odin geopfert

Vili (anord., ›Wille‹) einer der beiden Brüder Odins

Völva (anord. *Vǫlva*, eigtl. ›Stabträgerin‹) Wahrsagerin, von Odin nach der Deutung von Balders Träumen befragt

Waberlohe (anord. *vafrlogi* ›unstet flackerndes Feuer‹) Flammenwall zum Schutz um Wohnstätten, besonders von Jungfrauen

Walhall (anord. *Valhǫll*, eigtl. ›Die Wohnung der Gefallenen‹) in der Halle der Gefallenen sammelt Odin die Einherjer für den letzten Kampf gegen die Weltfeinde

Walküre (anord. *valkyrja* ›Die die Toten auswählt‹) Frau, die nach Odins oder eigenem Willen Tote vom Schlachtfeld für Walhall auswählt

Yggdrasill (anord., ›Eibensäule‹ oder ›Schreckenspferd‹, gemeint ist der Galgen, an den sich Odin selbst hängt) Weltenesche, Weltenbaum, Versammlungsstätte der Götter

Ymir (anord., ›Zwilling, Zwitter‹) Urwesen, zweigeschlechtlich. Die ersten Götter töteten es und bauten daraus die Welten

Literaturhinweise

Edda. Die Lieder des Codex regius nebst verwandten Denkmälern. Hrsg. von Gustav Neckel. Bd. 1: Text. 4., umgearb. Aufl. von Hans Kuhn. Heidelberg 1962. – Bd. 2: Kurzes Wörterbuch. Von Hans Kuhn. 5., verb. Aufl. Ebd. 1983.

Snorra Sturlusonar Edda. [Hrsg. und bearb. von] Finnur Jónsson. Kopenhagen 1931.

Die Lieder der Edda. Hrsg. von Barend Sijmons und Hugo Gering. Bd. 3: Kommentar. Halle 1927.

Baetke, Walter: Wörterbuch zur altnordischen Prosaliteratur. 2 Bde. Berlin 1965–68.

Vries, Jan de: Altnordisches etymologisches Wörterbuch. Leiden 1962.

*

Edda. Übertr. von Felix Genzmer. Einl. und Anm. von Andreas Heusler und Felix Genzmer. 2 Bde. Jena 1912–20. (Thule. 1. 2.) – Neuausg. Düsseldorf/Köln 1963.

Die Edda. Götterdichtung, Spruchweisheit und Heldengesänge der Germanen. Übertr. von Felix Genzmer. Eingel. von Kurt Schier. Düsseldorf/Köln 1981 [u. ö.].

Die Götterlieder der Älteren Edda. Auswahl. Nach der Übers. von Karl Simrock neu bearb. und eingel. von Hans Kuhn. Stuttgart 1960. (Reclams Universal-Bibliothek. 781.) – Neuausg. Ebd. 1991.

Die jüngere Edda. Übertr. von Gustav Neckel und Felix Niedner. Jena 1925. (Thule. 20.) – Neuausg. Düsseldorf/Köln 1966.

Gylfaginning / Snorri Sturluson. Texte, Übers., Komm. von Gottfried Lorenz. Darmstadt 1984.

Isländersagas. Übertr. und hrsg. von Rolf Heller. 2 Bde. Leipzig 1982.

*

Reallexikon der Germanischen Altertumskunde. Begr. von Johannes Hoops. 2., neu bearb. und erw. Aufl. Hrsg. von Herbert Jankuhn [u. a.]. Bd. 1 ff. Berlin / New York 1973 ff.

Schier, Kurt: Edda, Ältere. In: Ebd. Bd. 6. 1986. S. 355–394 [über die *Lieder-Edda*].

Weber, Gerd Wolfgang: Edda, Jüngere. In: Ebd. Bd. 6. 1986. S. 394–412 [über die *Snorra Edda*].

Hauck, Karl: Brakteatenikonologie. In: Ebd. Bd. 3. 1978. S. 361–401.

Simek, Rudolf: Lexikon der germanischen Mythologie. Stuttgart 1984.

Kulturhistorisk leksikon for nordisk middelalder. 22 Bde. Kopenhagen 1956–78.

*

Baetke, Walter: Kleine Schriften. Geschichte, Recht und Religion im germanischen Schrifttum. Hrsg. von Kurt Rudolph und Ernst Walter. Weimar 1973.

Dumézil, Georges: Loki. Aus dem Frz. übers. von Inge Köck. Darmstadt 1959.

Golther, Wolfgang: Handbuch der germanischen Mythologie. Rev. Ausg. Halle 1908. – Nachdr. Essen 1985.

Grimm, Jacob: Deutsche Mythologie. Göttingen 1835. – Nachdr. 3 Bde. Frankfurt a. M. / Berlin / Wien 1981.

Nordal, Sigurdur (Hrsg.): Völuspá. Hrsg. und komm. von S. N. Aus dem Isländ. übers. von Ommo Wilts. Darmstadt 1980.

Vries, Jan de: Altgermanische Religionsgeschichte. 2 Bde. Berlin 1956–57.

Vries, Jan de: Altnordische Literaturgeschichte. 2 Bde. Berlin 1964–67.

Weber, Gerd Wolfgang: Wyrd. Studien zum Schicksalsbegriff der altenglischen und altnordischen Literatur. Bad Homburg / Berlin / Zürich 1969.

Nachwort

1

Über die Göttermythen der Germanenstämme auf dem Gebiet des späteren Deutschland ist kaum etwas überliefert. Durch die Christianisierung dieser Stämme im 7. und 8. Jahrhundert wurden die germanischen Kulte auch mit Feuer und Schwert ausgerottet. Am hartnäckigsten verteidigten die Sachsen ihre Unabhängigkeit und ihren alten Glauben. Karl der Große mußte mehrere Kriege führen, um die Sachsen zu unterwerfen; er zerstörte 772 die heilige Säule Irminsul und ließ einige Jahre später, so wird berichtet, 4500 Sachsen hinrichten, auch deshalb, weil sie ihren alten Göttern nicht abschwören wollten. Die von Karl veranlaßte Sammlung altgermanischer Heldendichtung ging leider verloren.

Dänemark und Norwegen, weiter von Rom entfernt, wurden später und ebenfalls durch Königsmacht christianisiert. Auf der abgelegenen Insel Island bestand noch das altgermanische Gemeinwesen: das Althing entschied alle wichtigen Angelegenheiten. Eine zentrale staatliche Macht fehlte. Der norwegische König Olaf Tryggvason nahm zuweilen Isländer, die in Norwegen an Land gingen, als Geiseln, um auch auf diese Weise den Inselfreistaat zur Annahme des Christentums zu zwingen. Zahlreiche Isländer hatten durch Handelsfahrten in christliche Nachbarländer ihren alten Glauben verloren oder zweifelten ihn an. Auf der Insel drohte auf dem Althing im Jahre 1000 ein bewaffneter Zusammenstoß zwischen Anhängern des traditionellen und des neuen Glaubens. Dem Rat des Gesetzessprechers der Isländer ist es zu danken, daß die Gegner auf diesem Althing um des Friedens und der Einigkeit ihres Landes willen einen Vergleich schlossen. Sie nahmen zwar das Christentum an, aber durften heimlich weiter ihren alten Göttern opfern. Kindesaussetzung Neugeborener und Pferdefleischessen blieben erlaubt.

Während in Deutschland neben dem Althochdeutschen und Altsächsischen eine Zeitlang das Lateinische Literatursprache war, riß in Island der Strom der altnordischen Volksdichtung nicht ab. Mythen und Geschichten von Göttern wurden auch in christlicher Zeit über Jahrhunderte hin weitererzählt. Diese germanische Überlieferung hatte sich so gefestigt, weit mehr als in Deutschland, daß sie die friedliche Christianisierung überlebte. So konnten insbesonders im 13. Jahrhundert viele Mythen in der altnordischen Sprache aufgezeichnet werden – in einer Blütezeit europäischer Kultur, als das Nibelungenlied auf Mittelhochdeutsch niedergeschrieben wurde und Walther von der Vogelweide dichtete.

Im 19. Jahrhundert bemühten sich Forscher, aus Bruchstücken der deutschen Heldensagen, Märchen und Volkssagen die Göttervorstellungen der Vorfahren der Deutschen zu rekonstruieren. Das wichtigste Werk ist in diesem Rahmen die in vielem noch heute grundlegende *Deutsche Mythologie* (1835) von Jacob Grimm. Die Rekonstruktionsmethode Grimms und anderer Gelehrter erwies sich durch zu kühne Analogien als wenig fruchtbar. Nach heutigen Erkenntnissen wissen wir Umfassenderes über die germanischen Göttermythen vor allem aus altnordischen Quellen.

Die germanischen Stämme bildeten zwar keinen festen Verband (Kulte und Mythen entwickelten sich räumlich und zeitlich verschieden), aber nach vergleichenden Untersuchungen überwogen bis zum Eindringen der christlichen Kultur die Gemeinsamkeiten der Nordgermanen und der Stämme auf dem Festland. »Wir dürfen auch die innere Einheitlichkeit des germanischen Geisteslebens (ebenso wie der Sprache) historisch für genügend erwiesen halten«, betont der Nordist Baetke. Folglich sind die Mythen der Nordländer und die der Vorfahren der Deutschen verwandt.

Vom nordischen Odin läßt sich auf Wodan schließen, vom nordischen Thor auf Donar. Bei Frigg und Freyja erhielt sich im Grunde die Namensgleichheit. Die Göttererzählungen der Germanen-Stämme auf deutschem Gebiet waren wahrscheinlich roher im Vergleich zu jenen in den späteren nordischen Mythen, die als reifste Ausgestaltung der germanischen Mythologie angesehen werden können.

Im strengen Sinne dürfte hier nur der Begriff nordische Mythologie verwandt werden. Aber da die Skandinavier zu den Germanen gehören, ist der Begriff germanische Mythologie nicht verfehlt. Letztere ist in unserem Zusammenhang in erster Linie als Dichtung, nicht als Religionsgeschichte zu verstehen, wobei Religiöses in die literarische Gestaltung einging und manche Lieder, wahrscheinlich nur Sprechtexte, in ihrer Urform kultischen Zwecken gedient haben mögen.

Unter Mythologie wird hier das stoffliche Material selbst, nicht (in deren zweiter Begriffsbedeutung) die Lehre von den Mythen verstanden.

2

Eine der beiden umfassendsten Quellen der nordischen Mythologie ist die *Snorra Edda*, das vom Isländer Snorri Sturluson um 1220 verfaßte Dichterlehrbuch (in vier Haupt-Handschriften überliefert), in dessen erstem Teil »König Gylfis Blendung« (»Gylfaginning«) die Welt und ihre Götter vom Anfang bis zu ihrem Untergang beschrieben werden. In diesem Prosatext werden einzelne Strophen aus Liedern zitiert, die 1643 in einer Handschrift erstmals wieder aufgefunden wurden. Diese heute *Lieder-Edda* genannte Sammlung von Götter- und Heldenliedern wurde in der zweiten Hälfte des 13. Jahrhunderts aufgezeichnet. Die Stoffe reichen einige Jahrhunderte zurück, wurden mündlich überliefert und umgeformt. Einzelne Strophen und Splitter mögen aus dem 9. oder gar 8. Jahrhundert stammen. Mythische Erzählungen finden sich ebenfalls in Snorris *Heimskringla* (*Weltkreis*), einem Werk über frühe norwegische Geschichte. Zu den wichtigsten Quellen gehören außerdem: die isländischen Sagas, die Dichtung der Skalden, die lateinischen *Gesta Danorum* über frühe dänische

Geschichte, verfaßt von Saxo Grammaticus (um 1140 – um 1220), Zeugnisse aus der Römerzeit wie Tacitus' *Germania*, Schriften über die Christianisierung wie die Viten der Bekehrer oder Adam von Bremens lateinisch geschriebene *Geschichte der Hamburgischen Kirche* (1072–76). Zu den schriftlichen Quellen auf deutschem Gebiet gehören das *Hildebrandslied* und die *Merseburger Zaubersprüche*. Immer bedeutsamer werden archäologische Funde wie Grabstätten, Bilddenkmäler, Runensteine, Felszeichnungen, Moorleichen. Ortsnamen und andere Quellen können außerdem herangezogen werden.

3

Snorri Sturluson verdanken wir eine gewisse, wenn auch lückenhafte Systematisierung der mythologischen Überlieferung von der Entstehung der Welt bis zum Untergang der Götter.

Neben dem wahrscheinlich älteren Göttergeschlecht der Vanen, Fruchtbarkeitsgottheiten, lebt und wirkt das größere Geschlecht der Asen, vornehmlich als Götter des Krieges und der Herrschaft gedeutet. Die Asen wohnen in Asgard, ehemals als hoher Berggipfel, später als Himmel gedacht, wie in einer großen Familie. Frigg, die Frau des Asen-Göttervaters Odin, ist als Beschützerin der Frauen und der Liebenden Hauptgöttin der Asen. Odin hat mit ihr den Sohn Balder, Gott des Lichtes und Frühlings, den schönsten und edelsten Asen. Er und damit die Welten sind gefährdet durch die Mächte der Zerstörung, vor allem durch die Riesen. Loki, der zwiespältige Riesensohn, gilt als Vater der drei Weltfeinde, des Fenriswolfes, der Midgardschlange und der Hel. Er wird in die Gemeinschaft der Götter aufgenommen und später zum Anstifter von Balders Tod. Odin kennt die Gefahr, weiß aber nicht, wann die Weltfeinde angreifen werden. Trotz großer Taten gelingt es den Asen nicht, den Untergang der Welt abzuwenden. Es kommt zu den Ragnarök, dem Götteruntergang, fälschlich auch als ›Götterdämmerung‹ verstanden.

Adam von Bremen berichtete um die Jahrtausendwende aus Uppsala von Thor, dem ersten Sohn Odins, als dem mächtigsten Gott zwischen Odin und Frey. Der Mehrheit des Volkes galt Thor als Hauptgott und Ase schlechthin. Mit seinem Hammer Mjöllnir straft er die Feinde der Welt und der Menschen, weiht Ehen und Verträge, schenkt durch Gewitter Fruchtbarkeit. Viele Ortsnamen bezeugen die Verehrung Thors, jedoch wenige die Odins. Während man den ehrlichen Thor für den besten Freund der Menschen hielt, galt Odin vielen als heimtückisch und undurchschaubar. Er ist Gott der Dichtung und Herr des Krieges. Im Kampf gegen die Vanen warf Odin als erster seinen Speer Gungnir und brachte so den ersten Krieg in die Welt. Im *Harbard-Lied* verspottet Odin in Gestalt eines Fährmannes Thor, der mit zerfetzten Hosen und seinem Tragkorb von seinem Vater nicht übergesetzt wird. Walhall, Odins Halle der gefallenen Krieger (in der *Völuspá*, dem frühen, etwa zwischen 950 und 1000 entstandenen wichtigsten Gedicht der *Lieder-Edda* nicht näher beschrieben), wird später von den Skalden, den Dichtern an den Höfen der Herrscher, als Paradies der Helden besungen. Der Odinskult wurde vor allem in den Gefolgschaften gepflegt. Während der Christianisierung schworen zuerst die Herrscher Odin ab und ließen sich taufen. Im Volk lebte der Glaube an Thor weiter; der Thorshammer wurde häufig als Symbol des Widerstandes gegen das christliche Kreuz getragen.

Doch Odin kann nicht nur als Verderber der Welt gedeutet werden. Er leistet einen Sommer lang die Arbeit von neun Knechten, um den Göttern den Dichtermet zurückzuholen, opfert ein Auge, um mehr Weisheit zu gewinnen und den Bestand der Welt zu sichern. Er sammelt die Krieger in Walhall für die Verteidigung gegen die Weltfeinde.

Die Grundstruktur vieler nordischer Mythen dürfte in eine sehr frühe Zeit zurückreichen. Die Gestalt Balders entspringt nicht (wie manchmal behauptet) christlichem Einfluß, sondern ist, wie Haucks Brakteatenforschung nachzuweisen vermag, ein alter germanischer Mythos aus der Völkerwanderungszeit. Der Konflikt zwischen Loki und Balder stammt sogar, wie Dumézil zeigen konnte, aus indogermanischer Zeit; er fand bei den Osseten, einem kaukasischen Bergvolk, einen parallelen Mythos.

4

Als die Mythen in Island aufgezeichnet wurden, herrschte dort das Christentum bereits seit über 200 Jahren, und auch der vorurteilsfreieste Chronist war von diesem Einfluß nicht unberührt. Schon die mündliche Überlieferung war seit dem 9. Jahrhundert, vor allem über Irland und England, christlichen Einflüssen ausgesetzt gewesen. Snorri schrieb beispielsweise von Odin als Allvater, von einem höchsten und reinsten Ort Gimlé, einer Art Himmel, und gab dem Totenreich, obwohl es bei den Germanen kein Strafort war, Züge der christlichen Hölle mit Qualen. Ihrem ursprünglichen Kern nach dürften die *Edda*-Texte aber heidnisch-nordisch sein.

Aus christlicher Sicht galten die germanischen Götter als Blendwerk oder Erfindung des Teufels. Die Zahl der heimischen Menschenopfer wurde übertrieben. Tatsächlich opferten die Germanen in Friedenszeiten ihren Göttern, insbesondere Odin, meist nur Verbrecher. Sohnesopfer sind nicht nachgewiesen, von den mehreren hundert gefundener Moorleichen war keine einzige ein Kindesopfer.

In Deutschland kam es Anfang des 19. Jahrhunderts (zur Zeit der Romantik) zu einer umfassenden Beschäftigung mit der germanischen Mythologie. Erste *Edda*-Übersetzungen inspirierten Wagner für seine Opern. Später, in der Zeit des nationalen Überschwanges der Deutschen, wurde bei der Rezeption germanischer Mythen der Kampf und das Machtstreben der Götter überbetont. Dazu benutzte man weniger *Edda*-Übersetzungen als populäre Schriften. Das gleiche gilt für die Zeit des Nationalsozialismus, als der Krieg und das Heldische bis zum Heldentod hochstilisiert wurden. Die germanische Mythologie konnte bis heute von dieser ideologischen Belastung nicht gänzlich befreit werden. Die vorurteilsfreie Rückkehr zu den Quellen ist unerläßlich. Dabei ist die Rezeption der nordischen Mythologie in den skandinavischen Ländern zu berücksichtigen.

5

Viele christliche Chronisten und spätere Popularautoren neigten dazu, der Götterwelt die eigene duale Sicht überzustülpen, die Gestalten in gute und böse einzuteilen. Aber nach den nordischen Quellen sind beispielsweise die Riesen nicht von Anfang an dumm und böse. Es gibt sehr alte, weise Riesen wie Vafthrudnir. Und viele Riesen werden nur durch den Eidbruch der Götter zu Feinden. Loki gerät durch sein produktives Draufgängertum in Konflikte und wird erst im Handlungsverlauf zum Verderber. Zwischen Riesen und Göttern besteht ursprünglich keine Kluft, denn die Götter stammen von den Riesen ab. Das ›Riesische‹ in ihnen stirbt nie ganz und wird ihnen schließlich zum Verhängnis.

Die germanische Götterwelt erweist sich nicht als statisch, sondern dynamisch. Das Weltgeschehen enthält zahlreiche, auch konträre Möglichkeiten, abhängig vom Handeln der Akteure. In diesem Sinne unterliegen die Götter auch keinem von vornherein unabänderlichen Schicksal, wie es ältere Auffassungen sahen. Die Götter verursachen vielmehr ihren Untergang auch durch eigenes Handeln. Der Bruch der Eide mit dem Riesenbaumeister bleibt nicht ohne Folgen. Nach Untersuchungen von G. W. Weber stammt das »wyrd« als fatalistisches Schicksal aus christlich-mittelalterlicher Weltsicht und wurde später von christlichen Chronisten in die altnordischen Texte eingebracht, vielleicht um dem Heidentum besser begegnen zu können.

Den Göttern ist im Grunde der Kampf gegeneinander fremd. Nach dem Krieg zwischen den beiden Göttergeschlechtern kommt es zu dauerhafter Aussöhnung. Garantie dafür ist der Austausch von Geiseln und das Zubilligen gleicher Rechte. Zwar gilt Odin als Vater der Asen-Götter, doch die Götter herrschen als Gemeinschaft, erörtern täglich im Rat, wie die Feinde abzuwehren und die Welten zu erhalten sind. Die Götter übernehmen für die Menschen Verantwortung. Noch bevor die Asen ihre eigene Wohnstätte befestigen, bauen sie einen Wall um die Menschenwelt. Um den gefährlichsten Weltfeind, den Fenriswolf, zu überlisten und zu fesseln, läßt der Kriegsgott Tyr sich von ihm die rechte Hand abbeißen.

Die nordischen Götter werden kaum als strafende, Furcht einflößende Mächte dargestellt. Sie fordern von den Menschen keine bedingungslose Unterwürfigkeit. Götter und Menschen verhalten sich eher wie Eltern und Kinder. Die Götter haben menschliche Züge, sie sind nicht unsterblich, nicht allmächtig, nicht allwissend und haben liebenswerte Schwächen.

Götter und Menschen bleiben einander treu. Die Götter denken bei den Ragnarök nicht zuerst an das eigene Überleben. Und zur Treue unter den Menschen gehört gegenseitige Hilfe beim Pflügen, Mähen, Viehzüchten unter den harten Naturbedingungen unserer Vorfahren. Dazu gehört auch unbedingtes Füreinandereinstehen beim Jagen, in Bootsgemeinschaften, bei Unwetter, Krankheit, Tod oder feindlichen Überfällen. Kriege waren die Ausnahmen – als außergewöhnliche Situation allerdings Gegenstand der Dichtung. Die Nibelungentreue als literarische Überhöhung sollte nicht mit alltäglichem Verhalten verwechselt werden.

6

Die nordische Mythologie ist in keinem einheitlichen Gedankengebäude oder gar geschlossenen Text überkommen; die meisten Texte enthalten verschiedene Überlieferungsschichten. Daraus ergeben sich für die Nachgestaltung besondere Schwierigkeiten. Snorris Prosa-Edda steckt zwar den Rahmen des Weltgeschehens ab, aber in den zahlreichen Liedern der *Edda* fehlen oft logische oder ursächliche Bezüge zum Ganzen. Um die isoliert stehenden und sich zum Teil widersprechenden Lieder (sie waren in Prosa zu übertragen) mit dem Weltgeschehen als erzählter Geschichte in Zusammenhang zu bringen, waren vom Autor dieser Nachgestaltung Übergänge zu schaffen und Erfindungen im Geist der Originale unerläßlich.

Der vorliegende Text folgt weitgehend der Deutung des isländischen Forschers S. Nordal in seiner Schrift *Völuspá*. Ergebnisse moderner Forschung wurden berücksichtigt.

Diese Nachgestaltung enthält alle wichtigen im nordischen Raum überlieferten Göttermythen. Einbezogen wurden einige nordische Heldensagen, in denen Götter in irdische Belange eingreifen. Die Stoffe selbst wurden möglichst getreu zu erschließen und das in manchen deutschen Übersetzungen der Lieder verlorene Urwüchsige der Originale zu bewahren gesucht. Angestrebt wurde ein moderner Zugang zu dem Archaischen der altnordischen Texte. Als Grundlage dienten für die *Snorra Edda* die Ausgabe von Finnur Jónsson und für die *Lieder-Edda* die Ausgabe von Hans Kuhn.

Um den heutigen Leser nicht zu verwirren, wurden nur die wichtigsten Eigennamen verwandt, manche in deutsche Übersetzungen gebracht, andere weggelassen. Die nordische Schreibart blieb weitgehend gewahrt. Für zahlreiche Hinweise danke ich Herrn Dr. Rolf Heller von der Sächsischen Akademie der Wissenschaften Leipzig.